Hildi Hari-Wäfler

Unverzagt und himmelsnah

Hildi Hari-Wäfler

Unverzagt und himmelsnah

Mein Ruhestand voller Überraschungen

NEUFELD VERLAG

Die Deutsche Bibliothek verzeichnet diese Publikation in der
Deutschen Nationalbibliografie; detaillierte bibliografische
Daten sind im Internet über www.d-nb.de abrufbar

Lektorat: Roland Nickel, Altdorf/Böblingen
Umschlaggestaltung: spoon design, Olaf Johannson
Umschlagbilder: © Peter Hari-Wäfler, Marlis Germann
Bilder Innenteil: © Hildi und Peter Hari-Wäfler mit Ausnahme von S. 91 und
S. 100 © Roland Nickel und S. 107 © Sandra Wäfler
Satz: Neufeld Media, Weißenburg in Bayern
Herstellung: CPI – Clausen & Bosse, Leck

© 2015 Neufeld Verlag Schwarzenfeld
ISBN 978-3-86256-065-3, Bestell-Nummer 590 065

www.neufeld-verlag.de / www.neufeld-verlag.ch

Bleiben Sie auf dem Laufenden:
newsletter.neufeld-verlag.de
www.**facebook**.com/NeufeldVerlag
www.neufeld-verlag.de/**blog**

NEUFELD VERLAG

Inhaltsverzeichnis

Vorwort 7

Einleitung 9

1. Neubeginn 11

2. Wenn Gott ein Wunder tut 21

3. Jakob auf der Spur 30

4. Drum prüfe, wer sich ewig bindet 35

5. Auf in den Bärenschwand! 41

6. Die Natur, unser Lehrmeister 57

7. Musik baut Brücken 64

8. Abschied von Cornelia 66

9. Ein verdächtiger Knoten 75

10. Gott ist meine Freude 85

11. Adelboden 90

12. Schon wieder das Albristhorn 101

13. Engstligenalp 107

14. Die zweite Berufung 114

15. Wenn die Ehe glitzert 123

16. Freds 70. Geburtstag 135

17. Lebensweisheit 139

18. Wenn Gedanken kreisen 145

19. Velotour 154

20. Ein gutes Ende 159

Vorwort

„Wie lebt sich's mit einer spätberufenen Schriftstellerin?" Dies wurde ich kürzlich gefragt. Hoch interessant und herausfordernd – so wie es ihre Bücher vermuten lassen. Wo immer ich Leuten begegne, sei es auf der Langlauf-Loipe, bei einer Velotour oder beim Einkauf im Dorf, werde ich regelmäßig angesprochen und man erklärt mir: „Ich habe ein Buch von deiner Frau gelesen und konnte es nicht mehr weglegen, bis ich ganz durch war."

Wenn Sie, lieber Leser, nun denken, Hildi Hari habe sich in ihrem wohlverdienten Ruhestand in unser schmuckes Häuschen zurückgezogen, um Daumen zu drehen, haben Sie sich getäuscht. In den ersten Jahren waren wir regelmäßig zusammen in Wanderwochen unterwegs und konnten mit 75 Jahren nochmals das Albristhorn erklimmen. Auch sind wir immer wieder verreist – mal drei Tage ins benachbarte Ausland, mal für längere Zeit nach Großbritannien oder in die USA. Wer so viel erleben darf, hat natürlich eine Menge zu erzählen. Das gilt auch für Hildi.

Schon immer haben wir uns in unseren Aufgaben gegenseitig unterstützt. In den letzten Jahren kam jedoch noch ein ganz neues Rollenverständnis in unserer Ehe zum Zug. Das hat unserer Liebe zueinander nicht geschadet, ganz im Gegenteil. Nun verbrachte meine Frau viel Zeit an Schreibtisch und PC, während ich mich oft mit Kochtöpfen und anderen allgemeinen Aufgaben im Haushalt befasste. Wir haben es gut hinbekommen und ich bin überzeugt, dass sich auch mein Aufwand gelohnt hat! So konnte Hildi ihre persönlichen und viele unserer gemeinsamen Erlebnisse niederschreiben. Sie erzählt in ihrer ganz eigenen Art aus unserer Familie, von der Nachbarschaft, dem Korps der Heilsarmee Adelboden und unserer alten Heimat, in die wir nach 40 Jahren heimkehren durften. Gott hat es gut gemeint mit uns. Deshalb soll über Allem, über jeder Erfahrung und jedem noch so alltäglichen Bericht, unser Bekenntnis stehen: Gott allein die Ehre!

Peter Hari
(Seit 53 Jahren verheiratet mit Hildi Hari-Wäfler)

Einleitung

Was erst noch in weiter Ferne zu sein schien, war plötzlich zum Greifen nah: das Jahr 2000. Für uns sollte es nicht nur die Jahrtausendwende bringen, sondern auch unseren Eintritt in den Ruhestand. Kaum zu glauben, und doch war es so!

Unsere 40 Jahre Dienst in der Heilsarmee, von denen ich in meinem Buch *Bibel, Blech und Gottvertrauen* erzählt habe, waren oft recht turbulent. Doch von ganz wenigen Ausnahmen abgesehen hat uns dieser Dienst Freude bereitet. Es war kein Muss, sondern ein Vorrecht, in dieser Aufgabe stehen zu dürfen. Dass andere Menschen immer wieder für uns beteten, bekamen wir besonders in den schwierigen Zeiten zu spüren. Es war oft so, als hätten wir von irgendwoher eine Energiespritze erhalten, die uns motivierte und weiterhalf. Nun, da unsere Aktivzeit zu Ende ging, freuten wir uns auch auf den neuen Lebensabschnitt.

Wie würde unser neues Leben wohl aussehen? Von verschiedenen Seiten hörten wir allerlei Geschichten über die Zeit des Ruhestands, Erfreuliches und Bedenkliches. Da gerieten Frauen fast in Panik bei dem Gedanken daran, dass ihr Mann nun plötzlich den ganzen Tag zu Hause wäre und ihnen im Weg herum stehen und auf die Nerven gehen würde. Andere hatten so sehr für ihren Beruf gelebt, dass absolut keine Zeit für ein Hobby geblieben war. Sie wussten nicht, wie sie nun ihre Tage ausfüllen könnten und fürchteten, ohne die bisherige Lebensaufgabe in ein Loch zu fallen. Bei Peter und mir lag die Sache etwas anders. Wir hatten ja ein Leben lang gemeinsam unseren Beruf als Heilsarmee-Offiziere ausgeübt und miteinander unsere Berufung gelebt. So würden wir es bestimmt auch weiterhin schaffen, die Tage miteinander zu verbringen, selbst ohne vorgegebenes Programm.

In jenen Wochen genossen wir eine kurze Einführung auf die vor uns stehende Zeit. Darüber hinaus wollten wir uns einfach überraschen lassen, was die Zukunft für uns bereithalten würde. Und sie hielt einiges bereit. Seither sind bereits fünfzehn Jahre ins Land gezogen. Die vielen positiven Rückmeldungen auf meine ersten beiden Bücher ermutigten mich, unsere Geschichte weiter zu erzählen. Es sind heitere, nachdenkliche oder auch schwere Erlebnisse, wie sie eben das Leben ausmachen. Von Träumen wird die Rede sein, die sich zerschlugen, und solchen, die wahr wurden. Vielleicht können unsere Erfahrungen ja anderen dabei helfen, dass auch ihr Ruhestand nach einem hektischen Berufsleben gelingt? Jeder von uns hat es in der Hand, beizeiten die Weichen richtig zu stellen und gute Prioritäten zu setzen.

Auf jeden Fall haben wir im Ruhestand erlebt, dass unser Gott immer noch Großes tut. So sollen unsere Erlebnisse dazu einladen, diesem Gott auch im Alter zu vertrauen.

1. Neubeginn

Es war ein unbeschreibliches Gefühl. Wir waren mit dem Aufräumen fertig, hatten alles Überflüssige aussortiert, unsere Nachfolger mit ihrer neuen Aufgabe vertraut gemacht und ihnen unsere bisherige Tätigkeit übergeben. Nach dem Abschied von den verschiedenen Menschen und Kreisen, für die wir in den letzten Jahren verantwortlich gewesen waren, und den Vorgesetzten und Mitarbeitern im Territorialen Hauptquartier durften wir uns jetzt unserem geliebten Bergtal, dem Ort unserer Kindheit und Jugendzeit zuwenden. Was würde sich dort in den vergangenen Jahrzehnten wohl alles verändert haben?

Es war Anfang Juni 2000 und ein einzigartiger Tag kündete sich an. Die Sonne strahlte, als wäre sie bestellt worden. Die schneebedeckten Berge mit ihrem weißen Kranz standen wie zum Empfang bereit. Überall auf den Wiesen mit ihrem frischen, kräftigen Grün leuchteten Tausende und Abertausende goldgelbe Löwenzahnblüten. Es war, als hätte Adelboden auf uns gewartet! Ich staunte und staunte und platzte fast vor Freude, als wir im Niedersten, unserem neuen Wohnsitz, ankamen. Die Begrüßung unserer Hausbesitzer war herzlich und wir fühlten uns willkommen.

Ein wenig kamen wir uns wie ein frisch vermähltes Brautpaar vor, denn zum ersten Mal in unserem Leben hatten wir uns eigene Möbel und Einrichtungsgegenstände erworben. All die Jahre hatten wir stets in Wohnungen gelebt, deren Mobiliar der Heilsarmee gehörte. Nun aber richteten wir uns selbst gemütlich ein in unserer geräumigen neuen Wohnung. Dabei behielten wir stets den Gedanken im Hinterkopf, dass wir vielleicht doch noch einmal umziehen würden …

Geplatzte Träume

Mit unserem Einzug war nun eine längere Zeit des Überlegens und Suchens zu Ende gegangen. Immer wieder einmal hatte uns die Frage beschäftigt: Wo werden wir uns endgültig niederlassen? Da wir als Ehepaar und Familie im Laufe unseres Lebens schon mindestens zwölf Mal umgezogen waren, sehnten wir uns danach, einmal an einem Ort sesshaft zu werden. In die Nähe unserer Kinder ziehen zu wollen wäre aussichtslos gewesen. Sie wohnten weit auseinander und würden voraussichtlich eines Tages auch wieder umziehen. Auch wenn wir meistens nicht viel Zeit hatten, uns Gedanken über den bevorstehenden Lebensabschnitt zu machen, tauchte immer wieder ein Wunsch auf: Am liebsten würden wir nach Adelboden zurückkehren in unser kleines „Nest", dem Erbe meiner Eltern im Bärenschwand. Allerdings war diese Wohnung wirklich zu klein für einen Daueraufenthalt. Deshalb hatten wir im Abstand von mehreren Jahren drei Mal den Versuch gewagt, vom zuständigen Bauamt in Adelboden eine Bewilligung für den Ausbau unserer Scheune zu erhalten.

Aber jedes Mal war unser Gesuch abgelehnt worden. Man sagte uns, das Bestehende könne nur um 25 oder höchstens 30 Prozent vergrößert werden, weil der Bärenschwand nie ganzjährig bewohnt gewesen sei. Wir hätten also die bestehenden 28 Quadratmeter Wohnfläche um ein Viertel vergrößern können, doch hätte das für uns auf keinen Fall ausgereicht. Sollten wir trotzdem für einige Jahre dort einziehen, um die geforderten Voraussetzungen zu erfüllen? Diesen Gedanken verwarfen wir schon bald. Es half auch nicht, dass uns einmal der Bauinspektor mit einem Berater des Kantons im Bärenschwand besuchte, während wir dort mit den Kindern auf engstem Raum unsere Ferien verbrachten. Es schien einfach keine Möglichkeit zu geben, die restlichen Jahre unseres

Lebens auf unserem eigenen Grundstück und mit etwas mehr Wohnraum zu verbringen. Die Bestimmungen duldeten in unserem konkreten Fall offenbar keine Ausnahme. Da nützten auch die Tränen nichts, die reichlich flossen – allerdings erst als die Herren wieder abgezogen waren.

Trotzdem gaben wir die Hoffnung nicht auf. Ich wünschte mir nichts sehnlicher, als einmal alle vier Jahreszeiten auf unserem eigenen Grund und Boden erleben zu dürfen. So lange hatten wir ein Nomadenleben geführt. Da wäre es einfach zu schön, sich nun im Alter auf *einen* Ort fixieren zu dürfen. Vor allem auf dieses Fleckchen Erde, wo mich so vieles an meine bewegte Jugendzeit erinnerte.

Inzwischen blieb uns nichts anderes übrig, als uns nach einer Mietwohnung umzusehen. Kein leichtes Unterfangen in Adelboden, vor allem, wenn diese auch noch erschwinglich sein soll. Zu guter Letzt fanden wir eine gefällige, vorteilhafte Wohnung in einem Bauernhaus im Hirzboden, sieben Kilometer vom Dorfkern entfernt. Wir waren sehr dankbar für diese Übergangslösung. Ich war mir sicher: Eines Tages würden wir ja doch dort sein, wofür unser Herz schlug, nämlich im Bärenschwand.

Während der ersten drei Monate war Peter nur an den Wochenenden da. Er hatte sein Pensum noch nicht ganz erfüllt. Daher blieb er die Woche durch in Bern und arbeitete im Territorialen Hauptquartier der Heilsarmee, während ich mir für unser Einleben Zeit nehmen konnte.

Wie Zeiten sich ändern

In der Übergangszeit vom Berufsleben zum aktiven Ruhestand machte ich mir so meine Gedanken. Wie sah eigentlich das Büroleben vor 40 Jahren noch aus? Wie lebte und arbeitete es sich ohne Computer, ohne Internet, ohne die Möglichkeit,

E-Mails zu verschicken, und ohne Mobiltelefone, die zu jeder Zeit und an fast jedem Ort die Kommunikation ermöglichen? Man nahm sich noch Zeit, einen Brief auf der Maschine zu tippen; und wehe, es hatte sich ein Fehler eingeschlichen, dann galt es von vorne zu beginnen. Später konnten Korrekturen vorgenommen werden, die – wenn man Glück hatte – unsichtbar waren. Auf den Kopien mit Durchschlagpapier jedoch waren sie umso deutlicher festzustellen. Vieles hatte sich in diesen Jahren verändert auf fast allen Gebieten. Verschiedenste Neuerungen wirkten sich bestimmt vorteilhaft aus. Manche brachten aber auch echten Stress mit sich.

So erging es mir jedenfalls im letzten Jahr in Bern, der Endstation unseres aktiven Dienstes. Es galt für mich, noch eine Hürde zu nehmen, denn uns wurde von der Heilsarmee aus ein Computerkurs ans Herz gelegt, ja sogar befohlen. Einerseits war das eine Chance für mich, andererseits ein Horror. Wie sollte ich mich je auf einem solch fremden Gerät zurechtfinden, geschweige denn es zu meinem Nutzen gebrauchen können? Sollte ich mich noch einmal auf etwas ganz Neues, Fremdes einlassen? Widerwillig meldete ich mich an – und zwar bei der Anfängergruppe mit absolut null Erfahrung. Da würde ich für niemanden ein Hindernis sein. Aber falsch gedacht! Bei den Anfängern gab es immerhin solche, die bereits wussten, wo ein Computer eingeschaltet wird. Auch kannten sie noch einige weitere Handgriffe im Umgang mit einem Computer. Deshalb wagte ich es anfangs nur wenige Male mich zu melden, wenn ich nicht weiter wusste. Und mit der Zeit wurde ich immer stiller. Nicht weil ich keine Fragen mehr gehabt hätte, sondern weil ich kein Bremsklotz für andere sein wollte. Bis heute ist es für mich ein unerklärliches Wunder, dass überhaupt einige Begriffe bei mir haften blieben. Schließlich brachte ich es doch fertig, meine Textnotizen zu schreiben, sie zu speichern und auch wieder abzurufen.

Hätte ich damals geahnt, wie nützlich mir der Computer in Zukunft sein würde, wäre ich damals wohl geduldiger mit mir selbst umgegangen! Zugleich bin ich heute immer wieder neu dankbar für dienstbare Geister, vorab für meinen Ehemann, die technisch begabter sind als ich. Sie wissen im rechten Augenblick die richtige Taste zu drücken, um mich aus meinen Pannen zu befreien.

Herzlich willkommen

Nach vierzig Jahren Abwesenheit waren wir wirklich nach Hause gekommen und wollten diese Freude am liebsten mit jedermann teilen. So öffneten wir unsere Türen weit und luden im Herbst 2000 alle unsere Bekannten, Verwandten, Freunde und vor allem auch die Bewohner in unserem Ortsteil Hirzboden durch Flugblätter zu drei Tagen „open house" ein. Das war ein größeres Unterfangen und so waren wir dankbar für zahlreiche Helferinnen, die uns dabei mit selbst gebackenen Leckereien unterstützten. Die Besucher griffen herzhaft zu Kuchen, Wähen, Gesalzenem, Brötchen, Früchten, Getränken und anderen Köstlichkeiten. Nebenbei ergaben sich anregende Gespräche, wir lernten uns gegenseitig kennen und konnten auf diese Weise so manche Hemmschwelle überwinden und Brücken bauen.

Zu diesem Anlass legten wir auch ein Gästebuch auf, damit uns die Namen der Besucher in Erinnerung blieben. In den 40 Jahren im Unterland war für uns nämlich eine beachtliche Lücke entstanden und unser Nachholbedürfnis war groß. Von einigen der jüngeren Leute kannten wir noch die Großeltern. Hier konnten wir anknüpfen und einen Faden spinnen durch die Generationen. Manchmal kamen uns unsere Gäste nach dem „Gsüün" – also dem Gesicht nach – bekannt vor, doch dann stellten wir fest, dass wir es hier bereits mit der nächsten oder übernächsten Generation zu tun hatten. Wir waren eben älter geworden!

Weil der ursprüngliche Termin nicht allen gepasst hatte, gab es später noch so manche Wiederholung im kleineren Rahmen. Am Ende zählten wir insgesamt um die einhundertvierzig Gäste und Besucher, die unserer Einladung gefolgt waren. Dass nicht alle gekommen waren, die wir eingeladen hatten, war für uns nicht verwunderlich. Für einige waren wir eher Fremde. Außerdem sind „Bergler" sowieso eher etwas zurückhaltend, abwartend. Das geschieht nicht aus böser Absicht, sondern mehr aus Vorsicht oder falscher Scheu. Wir kannten das ja von uns selbst. Doch auch hier hat sich im Laufe der Jahre manches verbessert. Barrieren zwischen den Bewohnern des Oberlands und denen des Unterlands wurden abgebaut und so manche Hochzeit wurde zum Brückenschlag, sodass man sich heute freier und offener begegnet als früher.

Neue Aufgaben

Dem Nichtstun zu frönen, wäre uns gar nicht in den Sinn gekommen. Wir hatten uns beide vorgenommen, weiterhin unsere Kräfte, soweit möglich, für Gottes Sache zur Verfügung zu stellen. Deshalb nahmen wir wieder unseren Platz in der Heilsarmee Adelboden ein. Wir freuten uns darüber, dass diese Gemeinde nach so vielen Jahren immer noch voller Leben steckte und dass Junge und Alte dazu gehörten. Sonntags besuchten wir die Veranstaltungen im Dorf. Wir wurden aber auch immer wieder gebeten, Gottesdienste in Adelboden oder an anderen Orten zu übernehmen.

Peter begann, regelmäßig für einigen Wochen im Jahr die täglichen Andachten im christlichen Hotel *Alpina* zu gestalten, was er bis heute noch tut. Dann steigt er im Sommer auf sein Fahrrad oder im Winter auf die Ski und fährt hinunter nach Boden. So kann er seinen Dienst gleich mit seinem geliebten Sport verbinden. Weil Peter gerne und auch immer noch gut singt, beteiligt er sich an einer der Lobpreisgruppen, die unseren Gottesdienst mitgestalten, und geht mit zu den Gesangseinsätzen unserer Gemeinde in den Restaurants. Außerdem hält er ab und zu die kurze Andacht beim wöchentlichen Schüler-Mittagstisch in der Bodenkapelle, besucht Alte und Kranke und trägt die Verantwortung für unseren Hauskreis.

Darüber hinaus organisierte er bis vor kurzem mehrmals im Jahr Wanderwochenenden für größere oder kleinere Gruppen an unterschiedlichen Orten in der Schweiz. Hierfür machte er geeignete Unterkünfte und Wanderstrecken ausfindig und stellte ein passendes Programm zusammen. Einige Male half er auch schon mit bei Ferienwochen für Alleinerziehende mit Kindern, für die er so zum Ersatz-Großvater wurde.

Ich selbst war für einige Jahre engagiert als Referentin bei Ferienwochen für Frauen aus der Nordwestschweiz, später für Frauen aus der Ostschweiz. Daraus ergaben sich eine Menge Kontakte und viele schöne gemeinsame Erlebnisse.

Schon bald nach unserer Ankunft in Adelboden nahm ich Kontakt auf zur Frauengruppe, die sich im Schulhaus Hirzboden traf.

Frauenstunde Hirzboden

Um in den *Heimbund* – so nannte sich von früher her die Frauengruppe der Heilsarmee – im Hirzboden zu gelangen, musste ich gut zwanzig Minuten steil bergauf gehen. Zur schneefreien Zeit war das kein Problem, doch im tiefsten Winter sah das schon anders aus. Da setzte ich mich dankbar ins Auto einer Nachbarin oder fuhr mit dem eigenen Auto.

Hier im Hirzboden traf sich eine äußerst aufgeschlossene Runde von Frauen aus der reformierten Kirche, verschiedenen Freikirchen und der Heilsarmee. Die meisten waren schon etwas älter und konnten auf ein bewegtes Leben als Bergbäuerinnen zurückschauen. Jede hatte ihre ganz eigene Geschichte zu erzählen. Weil viele von ihnen die Sommerzeit auf der Alp verbrachten, schätzten sie vom Herbst bis ins Frühjahr die 14-tägige Abwechslung in dieser ungezwungenen Gemeinschaft. Wir beschäftigten uns dann mit allerlei interessanten Lebensthemen oder auch wegweisenden Worten aus der Bibel. Zuständig für das abwechslungsreiche und kreative Programm war die Heilsarmee-Offizierin des Korps Adelboden. Sie bat mich ab und zu, für sie einzuspringen und die Verantwortung zu übernehmen. Das tat ich gerne und schöpfte aus dem Schatz meiner Erfahrungen. Da die Frauen kaum einfach nur so dasitzen konnten, hielten sie meist ihr Strickzeug in den Händen. So entstanden ganz nebenbei noch Socken für Gefangene oder Decken und warme Kleidung für Menschen in östlichen Ländern. Außerdem brachte abwechselnd jede Teilnehmerin einmal etwas selbst Gebackenes mit zum Tee oder Kaffee.

Rosi

Als Rosi, die zierliche kleine Frau und weitaus älteste von allen, nicht wie üblich zur Frauenstunde im Schulhaus erschien, suchte ich sie auf. Ich traf die 96-Jährige im Lehnstuhl in ihrer Stube. Sie strahlte wie immer und erzählte, dass sie sich bereits besser fühle. Ihrer Meinung nach sei das Unwohlsein bestimmt dem starken Wind zuzuschreiben. Wir unterhielten uns, beteten zusammen, verabschiedeten uns – und sahen uns zum letzten Mal. Die bis zuletzt sehr bewegliche, unkomplizierte Frau hatte als überzeugte Christin, achtzehnfache

Urgroßmutter und Bergbäuerin 71 Sommer nacheinander auf der Engstligenalp bei Adelboden verbracht. Während gut sechzig Jahren stellte sie dabei in der Alpzeit jeden Tag einen Käse her. Ich weiß, dass auch schwere Stunden zu ihrem Leben gehört haben, unter anderem der Tod eines ihrer sechs Kinder im Schulalter. Das Geheimnis ihrer Ausstrahlung und ihres Lebens jedoch war Jesus Christus.

Während der Sommermonate war es mir mehrmals vergönnt, die eine oder andere der Sennerinnen auf einer Alp zu besuchen. Zwei waren bereits Witwen und dankbar für Zuwendung, andere schätzten ganz einfach die Gemeinschaft und das persönliche Interesse. Das Zusammensein war meist gekrönt mit einem köstlichen Älpler *Zvieri*.

Luise

Luise gehörte zu den regelmäßigen Besucherinnen der Mittwochnachmittage im Schulhaus. Ich wusste, dass sie durch schwierige Zeiten ging. Als Witwe wohnte sie allein in ihrem kleinen, etwas abgelegenen Chalet. Im Sommer überbordeten Blumen aller Arten in verschiedensten Farben Garten und Balkon. Die Wohnung über ihr war zwar an den Sohn und seine Frau vermietet, aber im Augenblick war niemand da. Das Paar hatte sich getrennt und ihr Sohn lag in besorgniserregendem Zustand im Spital in Frutigen. Luise blieb zu Hause an jenem Nachmittag. Sie war innerlich aufgewühlt, wartete auf das Resultat einer Untersuchung ihres Sohnes und machte sich Gedanken um die allernächste Zukunft. Ich wollte unbedingt noch bei ihr vorbeischauen. Zwei Frauen erklärten sich spontan bereit, mich zu begleiten. Luise saß wie erwartet, bekümmert in ihrem Wohnzimmer. Wir ließen sie unsere Anteilnahme spüren, unser Mittragen. Es tat ihr wohl, jemanden um sich zu haben und sich einmal aussprechen zu können. Auf einmal läutete das Telefon. Mit zitternden Knien ging sie zum Hörer und nahm ihn ab. Ihre Stimme verriet uns instinktiv, was passiert war. Und dann kam die erschütternde Nachricht von ihren Lippen: „Hanspeter ist soeben verstorben". Wir waren vorerst sprachlos und zugleich unendlich dankbar, dass Luise in diesem Augenblick nicht allein sein musste. Da waren drei Frauen um sie, die in erster Linie mit ihr die Trauer aushielten, auch ohne Worte. Dann fand ich in meiner kleinen Bibel Worte des Zuspruchs. Im Gebet wandten wir uns an den Herrn über Leben und Tod, baten ihn um seinen Beistand in der jetzigen Situation, um seine Kraft, seinen Trost. Als wir Luise später verließen, war sie ruhiger geworden und hatte sich einigermaßen gefasst.

Viele Jahre später sprach mich Luise auf jenen Besuch an: „Es waren eben ganz spezielle Augenblicke, damals als ihr bei mir wart und die Nachricht von Hanspeters Tod eintraf. Das werde ich nie mehr vergessen." Ja, so werden unsere Schritte, unsere Taten, unsere Worte von unsichtbarer Hand gelenkt, auch wenn das nicht immer so offensichtlich geschieht. Mein tägliches Gebet lautet: „Übernimm du Herr alles, was diesen Tag bestimmt."

2. Wenn Gott ein Wunder tut

„Wunder erfahren nur, die Wunder erwarten", stand unter der x-fach vergrößerten Fotografie eines Strauches voller Tautropfen. In jedem Tropfen spiegelte sich der Kopf einer Margerite wieder. Es sah aus, als wäre der Strauch voll farbiger Knöpfe. Der Künstler ahnte dieses Wunder und machte es uns zugänglich. Er hätte sich sagen können: „Der Aufwand ist zu groß und zu kostspielig." Doch dann wären wir um eine Bereicherung ärmer. Wer mit offenen Augen Wunder erwartet, wird ihnen begegnen.

Wunder in unserem Leben können wir nicht erklären, denn sie sind einem übernatürlichen Eingreifen zuzuschreiben. Gerade das macht sie ja zu einem verwunderlichen Wunder. Es wird aber immer Leute geben, die für alles und jedes eine passende Erklärung haben. Sie wissen alles ganz genau – und kennen keine Wunder. Für sie ist alles mach- und verstehbar; oder ein Schicksal ohne Sinn und Ziel, das einem einen Streich spielt und dem man wehrlos ausgeliefert ist. Ich bin froh, diese Theorie nicht teilen zu müssen. Für mich gibt es keine Zufälle und auch kein blindes Schicksal. Ich weiß um Wunder.

„Wunder erfahren nur, die Wunder erwarten." Das durften wir mehrmals in unserem Leben erfahren. Ich denke da an Peters „aussichtslose" Augengeschichte, in der er auf wundersame Weise eine Wende erlebte, die ihm nun seit mehr als 30 Jahren ein normales, höchst aktives Leben erlaubt.[1] Oder an meine Heilung von der „unheilbaren" Schuppenflechte.[2] Und dann war da meine Erfahrung mit dem Brustkrebs, wovon ich später noch berichten werde.

---

1   Davon erzähle ich in meinem Buch *Bibel, Blech und Gottvertrauen*.
2   Nachzulesen in meinem Buch *Felsig, karg und hoffnungsgrün*.

Bedrückende Nachrichten

Weihnachten war gerade vorbei und wir bekamen Besuch. Unsere Tochter Christine und ihr Ehemann Uwe aus Gera in Thüringen waren mit ihren beiden Kindern für einige Tage nach Adelboden gekommen. Hier vertrauten sie mir ihre Sorgen an. Zuerst hörte ich die freudige Nachricht: Christine war erneut schwanger. Doch fast gleichzeitig merkte ich, dass etwas nicht stimmen konnte. Die beiden schienen sehr bedrückt zu sein und strahlten nicht jene echte Freude aus, wie das bei ihren beiden anderen Kindern der Fall gewesen war. Und dann berichteten die beiden, dass diese Schwangerschaft, die sich noch ganz am Anfang befand, von einer ärztlichen Prognose überschattet wurde. Der Ultraschall hatte einen Schatten am Nacken des Embryos gezeigt, ein großes Ödem. Das lasse mit großer Wahrscheinlichkeit auf ein behindertes Kind schließen, hatte der Arzt erklärt. Er habe noch nie eine solch große Wasseransammlung gesehen. Nebenbei ließ er auch die Bemerkung fallen, dass man Kinder bei einem solch großen Risiko nicht bekommen müsse. Am übernächsten Tag hatte dann eine Untersuchung bei einem Spezialisten stattgefunden, einem führenden Ultraschallexperten in Weimar. Auch diesem Arzt war ein solches Ödem noch nie begegnet. Eine Trisomie verschiedener Chromosomen sei ebenso möglich wie eine andere genetische Störung. Auch er hatte sie darauf hingewiesen, dass viele Eltern sich bei weit geringerem Risiko gegen ein solches Kind entscheiden würden. Zwei Tag später hatten sie erneut einen Termin beim Frauenarzt. Für die Eltern war es klar: Sie würden ihr Kind herzlich annehmen, ob gesund oder behindert. Dabei waren sie sich aber auch bewusst, was für Mehrarbeit im Falle einer Behinderung auf sie zukommen würde. Am Ende der Beratung willigten sie in den Vorschlag des Arztes ein, einen Triple-Test durchzuführen. Mit diesem

Bluttest würde sich eine Trisomie ziemlich sicher bestimmen lassen.

Hoffnung in hoffnungsloser Lage

Nun saß dieses bekümmerte Paar vor mir. Was gab es da zu sagen? Ich spürte, wie Eltern unter Druck geraten und sogar als unzumutbar für die Gesellschaft dargestellt werden können, wenn sie ein behindertes Kind akzeptieren. Dabei gäbe es wohl noch ganz andere Dinge, die unzumutbar wären für die Gesellschaft.

Ich bin weder Arzt noch Hebamme, doch habe ich eine Hoffnung weiterzugeben. Gerade an jenem Morgen war ich in meiner Andacht einer Frau „begegnet", die über zwölf Jahre lang an schweren Blutungen gelitten hatte.[3] Schon viele Ärzte hatte sie deswegen konsultiert und war immer noch nicht geheilt. Ihr gesamtes Vermögen war dabei draufgegangen. Da hörte sie, dass Jesus in der Gegend war. Kurzentschlossen machte sie sich auf den Weg, um ihn zu treffen. Ob sie durch die lange Leidenszeit eingeschüchtert worden war oder es zu ihrem Naturell gehörte – auf jeden Fall wagte sie nicht, als sie Jesus sah, ihm direkt zu begegnen. Vielleicht wurde er auch von zu vielen Menschen bedrängt und es war für sie fast unmöglich, näher an ihn heranzukommen. Auf jeden Fall dachte sie: Wenn ich ihn nur berühre, werde ich bestimmt gesund. Und das tat sie. Sofort drehte Jesus sich um, sah sie an und sagte; „Sei unbesorgt. Dein Glaube hat dich geheilt." Im selben Augenblick war die Frau gesund.

Mit dieser Begebenheit im Hinterkopf schlug ich meinen Lieben vor, gerade jetzt für das werdende Kind zu beten und

---

3   Siehe die Geschichte aus dem Neuen Testament, Matthäus 9,20–22.

im Glauben den Saum von Jesu Kleid zu berühren. Wir taten es und dankten im Voraus für sein Eingreifen.

Zurück in Deutschland wurde Anfang Januar der Triple-Test gemacht. Nach zwei Tagen hatten sie das Resultat: keine Trisomie, kein offener Rücken. Vier Tage später ließ sich am Ultraschallbild erkennen, dass das Ödem verschwunden war. Wie der Arzt auch schaute, welche Perspektive er wählte, der Nacken des Embryos sah völlig normal aus. Die Eltern hatten ein langes Gespräch mit ihm und erwähnten unter anderem unser Gebet. „Ihre Gebete scheinen geholfen zu haben", sagte der Arzt. Eine zuvor erwogene Fruchtwasserpunktion war nun kein Thema mehr, denn die Erfahrung zeigt, dass dadurch Wehen ausgelöst werden könnten oder man das Kind verletzen könnte. Dennoch blieb ein Risiko. Der Arzt wollte noch nicht Entwarnung geben und überwies sie sicherheitshalber zum Experten in Weimar. Am 1. Februar 2001 bestätigte auch der Spezialist den Befund: das Ödem war vollständig verschwunden. Der Arzt war mehr als erstaunt. Seinen Notizen fügte er bei: Gebet der Schwiegermutter. Zutreffender wäre gewesen: Gottes Eingreifen als Antwort aufs Gebet. Erst jetzt erfuhren sie, dass er sich sehr große Sorgen gemacht hatte. Auch wollte er noch immer nicht völlig die Möglichkeit einer Behinderung von der Hand weisen – er dachte dabei an das Turner-Syndrom, einem Chromosomenfehler, der sich erst vier bis sechs Wochen nach der Geburt sicher ausschließen lässt.

Als bekannt wurde, dass sie ein Mädchen bekommen würden, entschieden sie sich für den Namen Talitha. So hieß ein kleines Mädchen in der Bibel, zu dem Jesus sagte: steh auf und komm zu uns. Mit Beschwingtheit erlebten die Eltern die nächsten Monate und waren gewiss: Talitha würde gesund sein. Sogar der übervorsichtige Gynäkologe stimmte einer Entbindung im Geburtshaus ohne ärztliche Aufsicht zu. Am

26. Juni 2001 wurde Talitha geboren. Alles ging gut. Der Vater meldete die Geburt einer kerngesunden Tochter. Auch der Verdacht auf ein eventuelles Turner-Syndrom zerschlug sich nach mehreren Wochen.

Talitha hat inzwischen ihr 14. Lebensjahr hinter sich, ist eine aufgeweckte Frohnatur, voller Leben und Tatendrang. In der Schule musste sie sich anfänglich recht anstrengen. Dank ihres starken Willens wurde sie aber mit der Zeit immer besser. Eltern und Lehrer rieten ihr allerdings eher davon ab, wie ihre älteren Geschwister das Gymnasium besuchen zu wollen. Doch genau das hatte sie sich in den Kopf gesetzt. Also übte sie fleißig zu Hause, überstand die Probezeit und brachte gute Zeugnisse nach Hause. Sie hat dabei ein ganz bestimmtes Ziel vor Augen: Sie will später Kindern helfen, die aus irgendeinem Grund im Leben benachteiligt sind. Sie selbst weiß um ihren eigenen schwierigen Start in dieses Leben und sie weiß auch, dass sie durch höheres Eingreifen gesund zur Welt kommen durfte. Dafür ist sie ist äußerst dankbar. Die Lehrer loben sie unter anderem wegen ihres sozialen Verhaltens, denn Talitha hat ein Auge für Kinder in Schwierigkeiten und steht ihnen gerne bei.

Unsere Tochter Christine und ihre Familie
zu Besuch im Winter 2015

„Wunder erfahren nur, die Wunder erwarten." Denn Wunder lassen sich weder erklären noch beweisen, auch nicht erzwingen. Sie sind ein Geschenk des Himmels. Was uns bleibt, ist unserem Schöpfer dafür zu danken.

Die Brille im Schnee

Nach zwei Jahren im Hirzboden sorgte Peter ungewollt für Abwechslung in unserem geregelten Alltag. Er war mit seinem Fahrrad unterwegs gewesen, um kleine Plakate für ein Konzert der Heilsarmee, das in der Karwoche 2002 in der Kirche von Achseten stattfinden sollte, an verschiedenen Orten anzubringen. Zuerst fuhr er einige Kilometer das Tal hinunter bis nach

Achseten, um dann auf der andern Seite des Hohen Steges der Straße bergauf bis nach Rinderwald zu folgen. Von dort ging es weiter auf unbefahrbaren Nebenwegen. Hier musste er das Rad oft vor sich herschieben, zum Teil auch tragen. Weil er ins Schwitzen kam, beschlug seine wertvolle neue Brille und er konnte nicht mehr viel sehen. So steckte er sie kurzerhand in die Tasche seiner wetterfesten Windjacke. In Egernschwand angekommen wollte er sie dann wieder aufsetzen, aber sie ließ sich nirgends mehr finden. Er konnte sich auch nicht mehr erinnern, wo genau er sie von seiner Nase genommen hatte. Also ging er den Weg zurück, um die Brille zu suchen, fand sie aber nicht. Dann begann es auch noch zu schneien. Deshalb entschloss er sich notgedrungen, den Rückweg anzutreten. Zerknirscht kam er nach Hause und schlich sich kleinlaut in die Wohnung.

Brillenträger wissen, wie teuer eine Brille sein kann, vor allem wenn es sich um Gläser nach speziellem Rezept handelt. Das kann schon mal einen Tausender kosten. In der Nacht fiel noch ziemlich viel Schnee, und weil es kalt war, wollte der nicht schmelzen. In dieser Situation wäre es völlig nutzlos gewesen, nach dem verlorenen Gegenstand suchen zu wollen. Das einzige, was wir tun konnten, war Gott um Hilfe anzuflehen. Und das taten wir auch. Ich dankte für die aussichtslose Situation, die er dazu verwenden könne, um seine Herrlichkeit zu zeigen. Inzwischen war die Karwoche angebrochen und die Zeit wurde langsam knapp, weil wir am Gründonnerstag nach St. Gallen verreisen wollten. Wir sollten dort die Gottesdienste an Karfreitag und Ostern gestalten. Solche Dienste übernahmen wir gerne, zumal uns mit St. Gallen viele Erinnerungen aus früheren Zeiten verbanden. Peter hätte natürlich sehr gerne die neue, besser eingestellte Brille mitgenommen. So machten wir uns trotz ungünstigen Wetterbedingungen auf die Suche nach dem begehrten Stück.

Wir fuhren mit dem Bus nach Achseten und wanderten dann von dort einige Kilometer auf der andern Talseite wieder hinauf. Mit tief gesenktem Kopf suchten wir jeden Zentimeter ab. Es wurde uns bewusst, dass menschlich gesehen die Lage recht aussichtslos war. Dort, wo die Sonne hinkam, war der Schnee zwar geschmolzen, doch an den schattigen Stellen lag er noch. An manchen Stellen lagen Schneehaufen und wir hatten den Eindruck, dass ein Schneepflug hier durchgefahren war. Dann waren da die Kanaldeckel mit ihren großen Schlitzen, in die das Schnee- und Regenwasser am Wegrand abfließen konnte. Hier hätte eine Brille leicht verschwinden können. Wir wandten uns an einen Straßenarbeiter, ob ihm wohl Peters Brille begegnet sei? „Dumme Frage", muss er gedacht haben, „bei diesen Verhältnissen nach einer Brille zu suchen." Nein, ihm sei nichts Derartiges begegnet, erwiderte er knapp. Dann mussten wir die Straße verlassen und auf Feld- und Waldwegen weitergehen. Auf steilen Windungen stapften wir wieder abwärts ins Tal. Teilweise waren Schnee und Erde abgerutscht. Auf einem langen Steg überquerten wir den Otterenbach und weiter ging es durch haufenweise dürres Laub und einzelne Schneeflecken. Inzwischen waren wir bereits seit eineinhalb Stunden unterwegs, hatten kalte Nasen, der Rücken schmerzte und unsere Blicke waren immer nur auf den Boden vor uns gerichtet.

Als wir aus dem Wald auf ein freies Feld kamen, fiel uns plötzlich ein gelber Zettel auf, der noch halb im Schnee steckte. Ein Hoffnungsschimmer huschte über Peters Gesicht, als er das Blatt herauszog. Es war eine Anzeige für das Konzert der Heilsarmee! Und auf einmal fiel ihm die Situation wieder ein: hier hatte er Halt gemacht und mit klammen Fingern nach einem Taschentuch in seiner Jackentasche gesucht, bevor er sein Fahrrad weiterschob. Dabei musste ihm das Blatt und ganz bestimmt auch die Brille aus der Tasche gerutscht sein. Also drehte er sich ein wenig zur Seite … und rief dann begeistert aus: „Und dort liegt sie!" Tatsächlich, einige Meter links vom Weg zwischen den Schneeflecken lag die kostbare Brille auf einem freien Plätzchen und wartete auf ihren Finder. Vor Freude umarmten wir uns auf offenem Feld. Dann traten wir überglücklich den Heimweg an, nicht ohne ein herzliches Dankeschön himmelwärts zu schicken. Gott hatte unsere Gebete beantwortet; aber das, was wir dazu beitragen konnten, mussten *wir* tun. Wir wussten auch, dass unsere Ausdauer belohnt worden war.

3. Jakob auf der Spur

Der lang gehegte Wunsch sollte sich im Juni 2002 erfüllen: ein Stück auf dem Jakobsweg in Frankreich wandern. Peter hatte bereits einige Abschnitte in der Schweiz zurückgelegt und immer begeistert davon erzählt. Diesmal würden wir gemeinsam unterwegs sein. Ich war wohl etwas ängstlicher und auch weniger in Form als Peter. So traf ich sehr gründliche Vorbereitungen. Zum wievielten Mal wohl schon hatte ich meinen Rucksack ausgepackt und neu geordnet? Sogar die Küchenwaage musste her, um meine Entscheidungen zu treffen. Unnötiges wurde ausgesondert. Peter übernahm noch meinen Schlafsack. Schließlich schaffte ich es, das Gewicht von sechs Kilogramm nicht zu überschreiten. Trotz allem konnte ich einige Bedenken nicht abschütteln. Meine körperlichen Kräfte würden in den nächsten Tagen stark gefordert sein. Auf keinen Fall durfte ich auf dem von uns ausgesuchten Abschnitt des Jakobswegs im Massiv Central in Frankreich schlapp machen. Da gab es über weite Strecken weder Bahn- noch Busverbindungen. Doch die Begeisterung vieler hatte mich angesteckt und ich wollte persönlich etwas davon erleben.

An einem frühen Junimorgen schlug ich im Zug nach Bern mein Neues Testament auf. Mein Blick kam vom Philipperbrief nicht mehr weg. Wie ein trockener Schwamm das Wasser, sog ich die Worte in mir auf: „Freut euch Tag für Tag, dass ihr zu Jesus Christus gehört. Und noch einmal will ich es sagen: Freut euch! ... Macht euch keine Sorgen! Ihr dürft Gott um alles bitten. Sagt ihm, was euch fehlt, und dankt ihm! Und Gottes Friede, der all unser Verstehen übersteigt, wird eure Herzen und Gedanken im Glauben an Jesus Christus bewahren" (Philipper 4,4–7). Das war genau das, was ich in diesem

Augenblick brauchte! Ich wurde ganz ruhig. Das Abenteuer würde gelingen und ich durfte mich darauf freuen.

Reise mit Hindernissen

Allerdings wurde mein Vertrauen schon bald auf die Probe gestellt. Auf der Strecke von Bern nach Lausanne unterbrach eine Fahrleitungsstörung die Reise. Auf unbestimmte Zeit, so hieß es, würden wir festsitzen. „Macht euch keine Sorgen!" – auch das Bibelwort saß bei mir fest. Nach einer Stunde war der Schaden behoben und unser sorgfältig zusammengestellter Fahrplan durcheinander geraten. Wir schafften es dennoch, bis zum Abend in Le Puy-en-Velay, dem Ausgangspunkt unseres Vorhabens einzutreffen.

Am nächsten Tag stiegen wir hinauf zu den 130 Meter hohen Felsen über der Stadt, auf denen die Marienstatue mit dem Jesuskind 35 Meter in den Himmel emporragt. Sie wurde einst aus Geschossen einer Schlacht im 19. Jahrhundert gegossen. Um die Mittagszeit fuhren wir mit dem Zug weiter. Gegen vier Uhr sollte unsere erste Etappe beginnen, die uns bis zur gebuchten Unterkunft in der *Ferme des Gentianes* (Hof zu den Enzianen) führen sollte. Doch jetzt kam uns ein Eisenbahnerstreik in die Quere. Wir wurden gebeten, in der nächsten Ortschaft auszusteigen. Der Zug fuhr nicht weiter. Was sollten wir tun? „Macht euch keine Sorgen! Ihr dürft Gott um alles bitten!" Ein paar stille Seufzer und auch Dank für Gottes Hilfe stiegen zum Himmel. Kurz darauf wussten wir, dass ein Bus die Reisenden beim nächsten Bahnhof weiter bringen würde.

Also ging es nun auf Schusters Rappen durch die sagenhaft schöne Landschaft des Aubrac-Gebirges mit seinen weidenden Kühen, säugenden Kälbern und prächtigen Stieren. So weit das Auge reichte, leuchteten dunkelgelbe Ginstersträucher. Schließlich erreichten wir doch noch unser Tagesziel.

In der Frühe des dritten Tages, das Wetter war eher zweifelhaft, bewunderten wir auf dem Weg die Vielfalt der Alpenflora. Je nach Region blühten gelbe und dunkelviolette Stiefmütterchen, Narzissen, langstielige Anemonen, Vergissmeinnicht, Lichtnelken, verschiedenfarbige Lupinen und Glockenblumen. Das Vogelgezwitscher faszinierte uns immer neu. Von überall her tauchten Marschtüchtige aus verschiedenen Ländern auf. Zum Teil waren wir ihnen schon zuvor begegnet. Man begrüßte sich freundlich, wechselte ein paar Worte und würde sich vielleicht Tage später wieder treffen. Heute wollten wir etwas weiter gehen als ursprünglich vorgesehen, da noch nicht alle *Gîtes* (Pilgerherbergen) geöffnet hatten. Der Nieselregen über dem nächsten Höhenzug erfrischte uns. Dazwischen ließ sich immer wieder die Sonne blicken. Wir zogen an schmucken Bergdörfern vorbei und besichtigten zwischendurch die uralte Kirche von Aubrac. Ich fühlte mich in Form und freute mich auf die nächsten Tage. Dann begann der beschwerliche, steinige Abstieg in das 500 Meter tiefer gelegene St. Chely d`Aubrac. Hier wurden wir erwartet.

Anders als gedacht

Schon bald fing mein linkes Bein an zu schmerzen. Ich hatte ihm wohl etwas viel zugemutet, meinem wichtigsten Werkzeug in diesen Tagen. Bis wir unten waren, würden wir innerhalb von zwei Tagen gut 48 Kilometer hinter uns gebracht haben. Wir schafften es und wurden von zwei kleinen, rundlichen Nonnen liebevoll betreut. Doch am nächsten Morgen musste ich liegen bleiben. Ich starrte die kahlen, dicken Mauern des hohen Klostersaales an. Umgeben von Eisenbetten lag ich auf einer Matratze am Boden. Ein einziges schmales Fenster gewährte mir einen Blick ins Freie. Weitere Fenster und Läden blieben altershalber geschlossen. Die anderen Touristen waren bereits abmarschiert. Peter und ich wurden gemeinsam still vor unserem Gott. Wir baten ihn um Führung – wie sollten wir uns angesichts unserer ursprünglichen Pläne entscheiden? Für diesen Tag war in unserem Andachtsbuch ein Text des Propheten Jesaja angegeben: „Fürchte dich nicht, denn ich bin bei dir; hab keine Angst, denn ich bin dein Gott! Ich mache dich stark, ich helfe dir, mit meiner siegreichen Rechten beschütze ich dich!" (Jesaja 41,10). Ich nahm die göttlichen Zusagen für mich persönlich und spürte tiefe Geborgenheit. Das Bein wurde eingerieben und stundenlang mit Eis gekühlt. Nach den gemüsearmen Tagen schätzten wir die frischen Erdbeeren aus dem Klostergarten, zubereitet von einer kleinen energischen Nonne mit italienischem Akzent. Es ging mir etwas besser, aber meine Sehnenscheidenentzündung konnte nicht einfach weggewischt werden, sie brauchte Zeit zu heilen.

Am nächsten Tag nahmen uns die Schwestern in ihrem Auto ein Stück mit. Dann brachte ich noch mühsam acht Kilometer zu Fuß hinter mich. Zum Glück fanden sich fast überall Tiefkühlfächer! Wir trafen auf eine Gruppe aus Frankreich, die mit Begleitwagen unterwegs war und sich sehr gerne bereit erklärte, mich für die nächsten zwei Tage mitzunehmen. Sie übernachteten am selben Ort wie wir. Vom Sitz eines Wohnmobils aus erlebte ich beschwerdefrei die Gegend, pflegte mich tagsüber und wartete auf Peter, der nachmittags oder abends eintraf. Das war für mich ein Höhepunkt, dass gerade in dem Augenblick, wo ich dringend Hilfe brauchte, mir freundliche, hilfsbereite Menschen über den Weg geschickt wurden. Wir befanden uns ja genau in der Gegend, in der es weder eine Bahn- noch eine Busverbindung gab.

Was zunächst nach einer missglückten Tour aussah, war für mich zu einem einzigartigen Erlebnis geworden. Die Bibelworte vom ersten Morgen wurden mir die ganze Zeit über zur

Kraft. Und als meine Lage kritisch zu werden drohte, kam von oben her erneut die Aufforderung, mich nicht zu fürchten. Es ist eine weise Taktik Gottes, uns ab und zu an unsere Grenzen kommen zu lassen. Wir werden an den Einen, den Grenzenlosen erinnert.

4. Drum prüfe, wer sich ewig bindet ...

Als Heilsarmeeoffiziere mit einer langen Erfahrung in der Gemeindearbeit wurden wir immer wieder gebeten, Gottesdienste oder andere Veranstaltungen in der Gemeinde zu gestalten. Wir taten das gerne, bot sich so doch die Möglichkeit, dass wir uns auch jetzt noch mit unseren Begabungen für Gottes Sache einbringen konnten. Besondere Höhepunkte für uns waren dabei die Trauungen zweier Paare, die uns im Abstand von zwei Jahren um unsere Unterstützung auf dem Weg in ihr gemeinsames Leben baten.

An einem Strang ziehen

Im Sommer 2003 kam Erhard auf uns zu. Jahre zuvor waren schon seine Eltern von uns getraut worden. Erhard und seine Braut Barbara hatten sich im Jugendklub der Heilsarmee in Adelboden kennen gelernt. Diese Ehe hatte eine ganz spezielle Vorgeschichte, denn die junge Frau musste sich auf eine besondere Herausforderung einlassen, um zu ihrem künftigen Ehemann zu kommen. Er hatte sie vor die Entscheidung gestellt: „Du hast die Wahl zwischen mir und dem Vollzeitdienst in der Heilsarmee oder deinem eigenen Weg, aber ohne mich." Hinter dieser Ansage an seine damalige Freundin steckte natürlich eine größere Geschichte. Er hatte Gott versprochen, ihm sein Leben als Heilsarmee-Offizier zur Verfügung zu stellen, und war fest entschlossen, diesen Weg zu gehen, koste es, was es wolle.

Nun überlegte sie sich die Sache gründlich. Dass sie ihren Freund liebte, war eindeutig, daran gab es nichts zu rütteln. Was den vollzeitlichen Dienst in einer Organisation anbelangte, die sie noch kaum kannte, machte ihr mehr zu schaffen. Sie war im landeskirchlichen Rahmen aufgewachsen, liebte ihr Tal und es drängte sie nicht unbedingt in eine Aufgabe an der Öffentlichkeit. In ihrem Beruf im häuslichen Pflegedienst (Spitex) ging sie vollends auf, sei es in der Pflege oder in allgemeinen Dienstleistungen. So gab es für sie manchen inneren Kampf auszufechten. Vor allem aber fragte sie Gott, was er mit ihrem Leben vorhabe, und betete. Schließlich konnte sie ihrem Liebsten sagen: „Ja, ich bin bereit, deinen Weg zu meinem zu machen. Ich vertraue Gott, der mich zu einem solchen Dienst ausrüsten und befähigen wird."

Während der Zeit der Ehevorbereitung kam es zu etlichen tief gehenden Gesprächen mit den beiden. Erhard ging auf in seinem Beruf als Bäcker und Konditor. Sein Chef hätte ihn gerne als Nachfolger in seinem Geschäft gesehen. Das kam für ihn jedoch nicht in Frage. Zielstrebig ging er seinen Weg, mit der Absicht, einmal die Offiziersschule in Basel zu besuchen. Während fünf Jahren waren er und Barbara beliebte und geschätzte Leiter des Jugendklubs. Das war bereits eine lehrreiche Vorbereitungszeit für ihren späteren Dienst. Auch sonst nahmen sie jede Gelegenheit wahr, um nützliche Erfahrungen zu sammeln.

So war es für uns ein spezielles Vorrecht, die Ehe der beiden jungen Leute zu segnen. Dies geschah im August 2003 in der geschichtsträchtigen Kirche in Adelboden. Alles, was zu einem Hochzeitsfest gehörte, war da: Strahlende Braut in blendend weißem Kleid, Brautbouquet, Galaanzug des Bräutigams, prächtige Blumendekorationen, Spalier unter Girlanden nach der Trauung, Beiträge der Bläser, Stehempfang und später festliches Diner mit unzähligen persönlichen Darbietungen. Als Familie mit zwei Kindern zog das Paar später nach Basel, um die dreijährige Ausbildungszeit zu beginnen. Nach der Weihe zum Offiziersdienst gesellte sich noch ein drittes Kind zur Familie. Heute stehen beide seit mehreren Jahren mit vereinten Kräften in einem Dienst, der sie hundertprozentig fordert, ihnen aber auch Sinn und Inhalt für ihr Leben gibt. Neben seinem Gemeindedienst in Solothurn wird Erhard in seiner jetzigen Aufgabe auch öfters angefragt, Trauerfeiern zu gestalten für Menschen, die aus der Kirche ausgetreten sind. In seiner Funktion als Leutnant der Heilsarmee ist er nicht nur für die Zeremonie und die Predigt verantwortlich. Meistens umrahmt er die Anlässe mit Melodien auf seiner Trompete und berührt damit die Herzen. Solche Feiern müssten sonst meistens ohne Musik und Gesang stattfinden.

Wenn zwei sich recht verstehen

Zwei Jahre nach der ersten Trauung trat im Sommer 2005 ein junges Paar mit dem Anliegen an uns heran, Gott um seinen Segen für ihre Ehe zu bitten. Daniel und Rachel hatten sich in einem Lager der Heilsarmee für Surfer und Kletterer in Frankreich kennen gelernt und waren sich auch an den jährlichen Wochenend-Sporttreffen der gesamtschweizerischen Heilsarmeejugend begegnet. Die junge Frau stammte aus dem französisch sprechenden Teil der Schweiz und befand sich in der Ausbildung zur Lehrerin. Er war ein Deutsch-Schweizer aus Adelboden und arbeitete als Schreiner, der sich auf den Küchenausbau spezialisiert hatte. Sie verliebten sich trotz der Sprachbarrieren: Sie verstand ein wenig Deutsch, er noch weniger Französisch.

Ab und zu war ich Rachel sonntags im Gottesdienst begegnet. Sie kam mir ein wenig verloren vor, denn ihre Deutschkenntnisse bezogen sich auf die Schriftsprache, während bei uns vorwiegend Dialekt gesprochen wurde. Wie sollte sie sich da zurechtfinden? Wann immer möglich, suchte ich in Kontakt mit ihr zu kommen und einige Worte auf Französisch mit ihr zu sprechen, einfach um das Eis zu brechen und um ihr zu zeigen, dass sie bei uns willkommen ist.

Ungeachtet der geographischen Entfernung und der sprachlichen Hindernisse wuchs bei beiden der Wunsch, ganz zueinander gehören zu dürfen. Sie wollten heiraten und wurden sich einig, ihr künftiges Heim in Genf einzurichten. Nun hatten uns die beiden gefragt, ob wir es uns vorstellen könnten, ihre Trauung vorzunehmen. Das taten wir gerne. Wir suchten gemeinsam nach passenden Terminen für die Ehevorbereitung und tasteten nach Formulierungen, die in beiden Sprachen verständlich waren. Die Hochzeit würde in einer alten, historischen Kirche in der Nähe von Genf stattfinden. So fuhren wir mit Angehörigen, Verwandten, Freunden und der Blasmusikgruppe in einem Reisebus ins Welschland. Es war ein Prachtstag Ende Juni. Die Natur präsentierte sich in ihrer sommerlichen Fülle und am Himmel zogen nur einzelne Wölkchen vorüber. Es wurde zu einem vielseitigen, fröhlichen Ausflug mit der hochzeitlich gestimmten Gesellschaft.

Liebe in zwei Sprachen

Ein bunt gemischtes Publikum traf da in Genf aufeinander: Die eher zurückhaltenden Berner Oberländer und die temperamentvollen Westschweizer in ihrer fließenden, plätschernden Sprache ergänzten sich vorzüglich. Der Höhepunkt war natürlich das Brautpaar: Rachel in wallendem, weißen Hochzeitskleid mit Schleppe, der Bräutigam nicht weniger festlich gekleidet.

Für uns bestand die große Herausforderung darin, sowohl die Deutschsprachigen als auch die Französischsprachigen Gäste angemessen zu berücksichtigen. So teilten wir uns die Zeremonie und die Predigt untereinander auf. Jeder fasste seine Beiträge in kurze Abschnitte zusammen und gab sie in beiden Sprachen hintereinander weiter.

Einer der Kurzbeiträge, abgestimmt auf das Hohelied der Liebe in der Bibel, lautete:

> *„Der Winter ist vorbei mit seinem Regen. Es grünt und blüht, soweit das Auge reicht. Im ganzen Land hört man die Vögel singen; nun ist die Zeit der Lieder wieder da! Seht doch die ersten Feigen werden reif; die Reben blühn, verströmen ihren Duft."*

> *In dieses liebliche Bild des Frühlings im Lande und der jungen Liebe kommt plötzlich eine Mahnung, ja eine dringende Bitte:*

> *„Ach, Fangt uns doch die Füchse, die frechen kleinen Füchse! Sie wühlen nur im Weinberg, wenn unsre Reben blühn" (Hohelied 2,11-15; GN)*

> *Weder Krankheiten, noch Schädlinge, auch keine kleinen Füchse sollen den blühenden Weinberg zerstören. Diese kleinen Füchse werden sehr schnell groß, sie vermehren sich und richten großen Schaden an. Deshalb: Tragt Sorge um den Garten eurer Ehe, um das Schöne, Reine, Gute. Wehret den kleinen Anfängen, den ersten bösen Gedanken, bevor sie zu Worten oder gar Taten werden.*

Zur Erinnerung erhielt das frisch vermählte Paar ein Bild mit herzigen kleinen Füchsen, die miteinander vor ihrer Höhle spielen.

Auf dem Bauernhof der Eltern der Braut wurde der große Raum einer Scheune ausgeräumt und herausgeputzt, originell dekoriert mit Strohballen, landwirtschaftlichen Geräten, Feldfrüchten, Ähren, Blumen und manchem mehr. Hier wurde den Gästen ein farbenprächtiger Imbiss angeboten. Anschließend fuhren wir Hochzeitsgäste mit dem Bus weiter zu dem Hotel, in dem die gemütliche Feier mit großem Essen und buntem Unterhaltungsprogramm stattfand. Da wurden auf humorvolle Weise allerlei Geheimnisse über das Brautpaar gelüftet, echte und erfundene. Zum Beispiel, was für Missverständnisse beim Schreiben von Liebesbriefen auftreten können, wenn einer die Sprache des anderen nicht richtig versteht. Es fehlte auch nicht an musikalischen und gesanglichen Beiträgen aller Art. Am frühen Sonntagmorgen trafen wir wohlbehalten wieder in Adelboden ein.

Heute, nach gut zehn Jahren, hat sich das Paar mit seinen vier Kindern – drei Jungs und einem Mädchen – hier in Adelboden niedergelassen. Groß und Klein meistern die Sprachhürden, gewöhnen sich an das rauere Klima, genießen den Wintersport und freuen sich an all den Abwechslungen, die ein Kurort zu bieten hat.

5. Auf in den Bärenschwand!

Inzwischen wohnten wir nun schon seit mehr als drei Jahren im Hirzboden. Wir hatten gute Kontakte zu den Nachbarn geknüpft und fühlten uns eigentlich wohl dort. Peter jedoch weilte fast jeden Tag im Bärenschwand. Immer fand er dort oben irgendeine Beschäftigung. Zum Essen kam er herunter in den Hirzboden. Oft musste ich auf ihn warten. Zunächst von uns ganz unbemerkt kamen in dieser Zeit einige Dinge in Bewegung und erst allmählich bekamen wir mit, dass etwas Neues in der Luft lag. Auslöser dafür war das Schützenhaus mit dem Schießstand im Fuhrenweidli, das nicht weit von meinem Elternhaus in der Oey lag. Weil der Lärm der Schießübungen an den Wochenenden im Frühjahr und Herbst zunehmend als störend empfunden wurde und sich die Klagen häuften, suchte man nach einem neuen Standort, der nach langem Hin und Her auch gefunden wurde.

Doch was sollte das mit uns zu tun haben? Recht viel sogar, obwohl wir weder zur Schützengesellschaft gehörten noch sonst mit den Anlagen zu tun hatten. Die Versetzung dieser Einrichtungen hatte zur Folge, dass mein Grundstück in der Oey nach Jahrzehnten aus dem Dornröschenschlaf erwachte. Meine Mutter hatte damals hartnäckig darauf bestanden, dass mir ein Stück Land überschrieben werden sollte, und sie gab keine Ruhe, bis wir ihr bestätigen konnten: „Ja, die Überschreibung des Grundstücks ist gesetzlich geregelt." Dieses Land konnte aber weder verkauft noch konnte darauf gebaut werden. Es hatte daher für uns so gut wie keinen Wert. Infolge der Umsiedlung der Schießanlage hatte nun allerdings die Gemeinde Adelboden das ganze Gebiet zur Bauzone erklärt. Über Nacht wurde damit unser Grundstück sehr wertvoll. Wir hatten jetzt einen Bauplatz, jedoch wäre es für uns nie in Frage gekommen, dort selbst ein Haus zu bauen. Würde der Bauplatz aber nicht bebaut, hätten wir dafür jährlich recht hohe Gebühren zu zahlen, was wir uns auch nicht leisten konnten. Natürlich gab es manche Interessenten, doch wir entschlossen uns, das Grundstück an unseren Neffen, der Sohn meines Bruders, zu einem fairen Familienpreis abzugeben.

Fast zur gleichen Zeit fing es auch im Bärenschwand an zu rumoren. Unser Grundstück dort mit der alten Scheune wurde dank gewisser Umstrukturierungen in der Nachbarschaft auf einmal zur Streusiedlungszone erklärt. Für uns sollte das heißen: Einem Ausbau der Scheune stand nun nichts mehr im Wege! Der Stall und der Heuspeicher, die wir die Jahre über verpachtet hatten, wurden schon seit einiger Zeit nicht mehr gebraucht. Der Pächter brachte alles Heu von unserem Land in seiner eigenen Scheune unter. Und plötzlich kam von überall her grünes Licht. Auf der ganzen Linie war „Bahn frei" angesagt. Für Probleme wie die Wasserversorgung oder die Kanalisation ergaben sich auf einmal unverhoffte Lösungen. Ich musste an die Worte meiner Mutter denken: „Wenn die Stunden sich gefunden, bricht die Hilf mit Macht herein." Oder anders formuliert: „Wenn die Stunden sich gefunden, öffnen sich Türen und Tore." So wurden jetzt ohne unser Zutun Hürden und Hindernisse überwunden. Es würde nun mehr Platz für uns beide geben, dazu auch Platz für unsere Kinder und Enkelkinder, die uns immer wieder besuchten oder den Skiurlaub bei uns verbrachten. Außerdem hatte Gott mit dem Verkauf des Bauplatzes dafür gesorgt, dass wir finanziell nicht zu große Lasten auf uns nehmen mussten.

In all diesem Geschehen würden die einen von Zufall sprechen. Ich bin da anderer Meinung. Ich bin kein Kind des Zufalls. Mein Leben schwebt auch nicht planlos im luftleeren Raum. Ich glaube an das, was Gott mir *zufallen* lässt, an Gutem wie auch an Schwierigem. Das hat nichts mit Resignation oder Fatalismus zu tun, vielmehr mit freudigem Wissen: Ich bin gehalten von dem, der alles geschaffen hat. Ich gehöre einem Gott an, dem kein Ding unmöglich ist. Dazu zählt auch, dass man im Vertrauen auf Gottes Stunde wartet. Das Warten war uns absolut nicht leicht gefallen, aber es hatte sich gelohnt.

Wenn Träume wahr werden

Unsere Gefühle waren kaum zu beschreiben. Unser Traum sollte nicht länger Traum bleiben. Plötzlich hieß es: Dem Ausbau eurer Scheune steht nichts mehr im Wege. Nehmt einen neuen Anlauf.

Bald war ein uns bekannter Kleinunternehmer gefunden, der die Sache in die Hand nahm. Wir besprachen die Möglichkeiten und gaben das Projekt an die Baubehörde. Früher als erwartet kam das O.K. der Behörde: Das ganze Ökonomiegebäude darf umgenutzt werden, wenn das zugehörige Land von knapp zwei Hektar längerfristig verpachtet ist. In absoluter Rekordzeit wurden nun aus dem Stall Schlafzimmer, Badezimmer, Keller, Heizungsraum mit Waschmaschine und Garage. Der Heuspeicher im oberen Stock verwandelte sich in Wohnzimmer, Schlafzimmer, Esszimmer, Büro und einen langgezogenen Raum unter dem Dach, der als Massenlager für die Kinder benutzt wird. Beim Umbau gab es allerhand Schwierigkeiten zu überwinden. Bodenunebenheiten mussten ausgeglichen und alte Wände abgerissen und durch neue ersetzt werden. Das brachte viel Dreck und Staub mit sich, doch für uns war und ist das ein absolutes Geschenk. Wir haben genügend Platz zum Wohnen, Arbeiten und für unsere Gäste.

Hildi vor dem Haus

Genau vier Jahre nach unserer Ankunft in Adelboden fand der wohl originellste und lustigste Umzug statt, den wir je miterlebt hatten. Für die sieben bis acht Kilometer Distanz genügte uns ein mittelgroßer Lieferwagen, unser eigenes Auto und vor allem der landwirtschaftliche Mehrzweck-Transporter unseres Wohnungsvermieters, der mehrmals die Strecke zurücklegte. Auf der offenen Ladefläche ließen sich unsere Reichtümer gut aufschichten, ohne dass sie lange verpackt werden mussten. Ich konnte nicht überall mit einem offenen Auge dabei sein und so ergaben sich wahrscheinlich etwas fantasievolle Ladungen. Eine Bekannte äußerte sich später mir gegenüber: „Ich staunte, was da alles Platz fand auf diesem Fahrzeug und an meinen Augen vorbeifuhr." „Ja", gab ich zurück, „aber die Deckbetten wurden mit frischen Bezügen überzogen, bevor wir abends ins Bett schlüpften."

Beim Aufwachen am nächsten Morgen konnten wir es kaum fassen. Wir waren am Ziel angekommen, nach all dem Hoffen und Bangen, dem Warten und etlichen Anläufen. Endlich hatte es geklappt. Mein quirliger, bewegungshungriger Peter wäre kaum in einer Wohnung festzuhalten gewesen, wenn ihn nicht gerade eine Grippe ans Bett fesseln würde, was aber eher selten zutraf. Hier im Bärenschwand konnte er sich draußen nach Herzenslust beschäftigen. Etwa mit Holz machen im Wald, mit allem, was damit verbunden war, vom Fällen bis zum Transport des Holzes nach Hause. Dort ging die Arbeit dann weiter. Die großen Holzstücke wurden gespalten, mit der Kreissäge zu ofengerechter Größe gesägt und zum Trocknen aufgeschichtet. Dank dieser Arbeit haben wir nun schon zehn Winter die üblichen sechs kalten Monate gut und in wohliger Wärme überstanden. Peter liebt diese Herausforderung seit seiner Kindheit, als ihn sein Vater in dieses Handwerk eingeführt hat.

Peter bringt das Holz mit dem Schlitten nach Hause

Im Frühjahr nach der Schneeschmelze waren Reparaturen an Zaun und Dach fällig. Hoch gewachsenes Gras musste mit der Sense geschnitten werden, später mit dem Rasenmäher. Da gab es Gartenbeete umzustechen und zuzubereiten, Mist vom Nachbarn herbeizuschaffen und vieles mehr. Im Sommer bot sich immer wieder Gelegenheit, bei der Heuernte mitzuhelfen. Da war jede Hilfe willkommen. Schon aus diesem Grund bin ich überaus dankbar, dass Peter gefordert ist und seinen Bewegungsdrang ausleben darf.

Auch freuen wir uns, so viel junges Leben um uns zu haben und die Fortschritte der Nachbarskinder mitverfolgen zu können. Da sind jetzt vier Kinder nicht weit von uns im Haus nebenan. Im Haus über uns kam nach sechs gesunden ein behindertes Kind zur Welt. Die Ältesten sind bereits erwachsen. Ich staune, mit wie viel Liebe und Fürsorge die ganze Familie sich um Salome, den kleinen Sonnenschein mit Down-Syndrom kümmert. Unvorstellbar, was vor allem die Mutter an Tag- und Nachtarbeit aufgewendet hat, damit Salome überhaupt am Leben bleiben konnte, Operationen überstand, die nötige Nahrungszufuhr über Sonden erhielt usw. Salome besuchte später die Spielgruppe, den Kindergarten und nun die ersten Schuljahre hier in Adelboden. Die Mutter brachte sie täglich zu Fuß vom Berg hinunter und die Geschwister nahmen sie meist mit zurück nach Hause. Nach dem Wechsel auf eine Schule in Frutigen wird von dort aus ihr Transport übernommen. So finden sich immer wieder passende Lösungen.

Frühlingserwachen

Einmal mehr hatte sich das Wunder ereignet. Einem Dammbruch gleich war der Frühling ausgebrochen. Alle Grenzen sprengend, hatte er sich dank Föhneinbruch durchgesetzt, ohne Lärm, ohne Widerstand. Da hatten auch meterhohe Schneemassen nichts mehr zu melden. Sie schmolzen in wenigen Tagen dahin. Und gleich darunter waren die ersten Blumen parat, als hätten sie darauf gewartet, sich endlich entfalten zu dürfen. Krassere Gegensätze erlebte ich in all den Jahren im Unterland nie: Winterliche Starre und Frühlingserwachen gaben sich freundschaftlich die Hände und flossen ineinander über. Bei dieser Ablösung gab es keine Verlierer, keine Verluste wie allzu oft bei menschlichem Machtgerangel. Über Nacht übergab der Winter das Zepter seinem Nachfolger. Genau gesagt gehorchte die Natur Gottes ewigen Gesetzen, wie sie schon im Alten Testament, in der Bibel festgehalten sind. Heinrich Seidel, geboren 1842, beschreibt es so:

> Was knospet, was keimt, was duftet so lind? Was grünet so fröhlich? Was flüstert im Wind? Und als ich so fragte, da rauscht es im Hain: Der Frühling, der Frühling, der Frühling zieht ein!

Die Winter hier in der Bergregion sind unterschiedlich lang, meist kalt und schneereich. Sogar im Mai oder Juni kann es noch zu Rückschlägen und zu Schneefällen kommen. Sie halten aber nie lange stand. In einem Jahr hielten die kühlen, regnerischen und zum Teil nebelverhangenen Tage die Aprilglocken – auch bekannt als Osterglocken – wochenlang am Blühen. Tulpenkelche schienen aufgrund der Kälte kurz vor dem Öffnen erstarrt zu sein. Die Fliederbüsche mit ihren dunkellila Blüten verliehen der düsteren Umgebung einen eigenartig seidenen Glanz. Dann aber erlebten wir an verschiedenen Orten, vor allem auch am Elsigsee, eine unvergleichliche Alpenflora. Alles, was zum Frühling gehörte und lange zurückgehalten wurde, war da anzutreffen: Anemonen, Erikasträucher, verschiedene Arten von Enzian, Felsenaurikel, Mehlprimeln, blaue Kugelblumen. Keine dieser Blumen wollte übergangen werden. Sie alle haben das Recht, einmal im Jahr zu blühen und zur Geltung zu kommen. Für die Bauern war es eine schwierige Zeit.

Ausflug zum Elsigsee im Frühling

Jetzt konnte endlich das Vieh auf die Weide getrieben werden, doch schon bald darauf ging es weiter zur Maiensäss, der
Zwischenweide, und dann auf die Alp für die Sömmerung.
Das bedeutete: innerhalb von ein bis zwei Wochen musste mit
den Tieren zwei Mal umgezogen werden. Die Nachbarsfamilie
mit ihren vier kleinen Kindern, samt dem Viehbestand, war
recht herausgefordert. Alles sollte immer zur Hand sein am
neuen Ort. Wie wird es erst, wenn die Kleinen Kindergarten
und Schule zu besuchen haben? Da werden Organisationsta-
lent und vor allem gute Nerven gefragt sein. Die hat meine
junge Nachbarin zum Glück. Auf jeden Fall kann sie sich nicht
beklagen über Mangel an Betrieb und Abwechslung.

Nicht zu unterschätzen sind auch die langen Märsche mit
dem Vieh. Bis zu 16 Kilometer muss jedes Tier mit Glocke
oder Treichel[4] zurücklegen. Im Herbst beim Alpabzug werden
die Häupter der Tiere noch zusätzlich mit Blumen oder jungen Tännchen geschmückt. Gäste aus den USA, die einmal zu
dieser Zeit in unserem Haus zu Besuch waren, wunderten sich
über die vielen Kuhparaden auf den Straßen. Sie hielten diese
für ein Spektakel, das man lediglich für die Touristen insze-
niert. Wir klärten sie auf. Natürlich dürfen sich die Feriengäste
über diese prächtigen, sauberen, wohlgenährten Tiere freuen,
aber diese Umzüge werden nicht einfach ihretwegen veran-
staltet. Sie gehören seit Generationen zum Alltagsleben der
Bergbauern und finden bei jedem Wetter statt und zu genau
festgesetzten Zeiten. Eine Bergkorporation bestimmt, wann
welche Alp zu besetzen und zu verlassen ist. An diese Regeln
hat sich jeder zu halten, ob es ihm zeitlich passt oder nicht.

---

4   Die Treichel besteht im Unterschied zur gegossenen Glocke aus gehämmertem Blech.

Kuckuck

An einem trüben Sonntagmorgen Ende April lag Neuschnee.
Kein grünes Fleckchen Erde war mehr auszumachen. Doch
da –, was hörte ich auf meinem dreiviertelstündigen Fuß-
marsch ins Dorf? Hatte nicht der Kuckuck gerufen? Ich musste
inne halten und mich vergewissern. Tatsächlich, der Ruf des
Kuckucks erklang wie aus einer andern Welt. Er wollte so gar
nicht in dieses Schneegestöber passen. Mein Herz aber machte
fast einen Luftsprung. Wie tat dieser vertraute Ruf meiner
Seele wohl. Der Vogel hatte also den Weg in unsere Gegend
wieder gefunden. Trotz winterlichen Verhältnissen hatte das
Weibchen im Nest sein Ei gelegt. Ein Kuckuck war ausge-
schlüpft, wahrscheinlich im Nest eines anderen Vogelpaares.
Und nun kündete er unaufgefordert und untrüglich eine neue
Zeit an. Der Frühling lag in der Luft, Schnee hin oder her.
Daran konnte nicht mehr gerüttelt werden. Dieser Gedanke
machte mich restlos glücklich.

Ferdi

Bei einer Geburtstagsparty trug unser jüngster Sohn Thomas
ein Lied des Schweizer Liedermachers Mani Matter vor, das
Lied vom Ferdinand. Und schon hatte unser Kater seinen
Namen abbekommen: „Ferdi".

Das pulsierende Leben spielte sich gleich vor unserer Haus-
türe ab, denn Ferdi ließ das Mausen nicht. Wenn es hoch kam,
zählten wir bis zu fünf Mäuse am Tag. Aus seinem Umfeld, den
Äckern und Wiesen ringsum schleppte er sie auf den Rasen
vor das Haus. Er wollte, dass wir seine Beute würdigten und
miaute, bis einer von uns erschien. Meist begann dann ein
kürzeres oder längeres Spielchen mit seiner Beute. Er zwirbelte
die Mäuse herum, warf sie in die Höhe und fing sie wieder auf.

Ja, manchmal geriet unser „Moudi", wie ein Kater in Mundart genannt wird, in regelrechte Ekstase. Mit den Jahren wurde er dann etwas nüchterner und ging radikaler auf sein Ziel los. Kleinere und mittlere Exemplare wurden in einem Zug hinuntergewürgt. Mit großen Mäusen ging er strategischer vor und verspeiste sie auf zwei oder drei Etappen mit Haut und Haaren. Dazwischen gab es aber auch ruhigere Zeiten. Je nach Wetter und Höhe des Grases, lebte Ferdi von den Reserven der vergangenen Tage.

Peter mit Ferdi bei der Gartenarbeit

Ferdis glattes, gestreiftes Fell in verschiedenen Grau- und Beigetönen mit weißen Flecken und weißer Brust entlockte schon manchem Besucher ein Lob. Auch wir waren immer neu begeistert von ihm. Er war einerseits seiner Natur entsprechend ein Raubtier, anderseits sehr anhänglich und liebesbedürftig. Nach ein paar Tagen Abwesenheit wartete er auf uns, strich uns um die Beine, suchte jede Art Berührung, wollte gehätschelt und getätschelt werden. Ein eleganter Sprung auf unsere Schultern konnte unverhofft kommen, dann schmiegte er seinen Kopf an unseren und schnurrte vergnügt. Keine Angst, er hatte sich längst von den Spuren seiner Streifzüge gesäubert. Sein Waschritual fand mehrmals täglich statt. Er schätzte unser Dasein, hielt sich aber am liebsten im Freien auf. Die Wohnung war ihm zu eng. Hier hielt er es nie lange aus.

Ferdi war ein ausgezeichneter Mäusefänger. Manchmal fragten wir uns aber: Warum lässt er die Mäuse in unserem Garten einfach wüten? Da konnten täglich Gemüsepflanzen flach am Boden liegen mit abgenagtem Wurzelstock. Wurde die Staude nicht weggeräumt, war sie am nächsten Tag durchs Mäuseloch gezogen und ganz verschwunden.

Ja, vielleicht ging es Ferdi wie jenem Fuchs am Bütschiport? Peter fragte die Älplerin in ihrem Bergrestaurant: „Wie kommt es, dass du deine Hühner den ganzen Tag frei herumlaufen lässt? Eure Hütte liegt ganz nahe beim Wald. Da gibt es doch bestimmt Füchse, die ein scharfes Auge auf euer Federvieh werfen könnten?" „Ja", gab sie zur Antwort. „Da hat ein Fuchs in der Nähe seine Höhle, aber er tut unseren Hühnern absolut nichts zuleide. Sie gehören zu seinem Revier, zu seinem Besitztum, das er verteidigt. Ich muss keine Bedenken haben." Wir konnten kaum glauben, was sie uns da erzählte. Als langjährige Sennerin musste sie es ja wissen. Nun zogen wir einen Vergleich zu Ferdi und den Mäusen in unserem, in seinem Garten. Ob er sie eventuell übersah, weil sie zu uns und folglich auch zu ihm gehörten? Wer kennt alle die Geheimnisse der Natur und der Tierwelt?

Fuchs und Hase

„Wie haltet ihr es nur aus, an so einem abgelegenen Ort zu wohnen?", werden wir ab und zu gefragt. Es stimmt, dass wir hier am Hang des Chuenisbärgli ziemlich abseits wohnen, ohne öffentliche Verkehrsmittel in der Nähe. Wir wohnen nicht direkt auf der Skipiste, wie sich eine Besucherin ausdrückte, aber dicht daneben. Und nachts haben wir den Motorenlärm der Pistenraupen um die Ohren. So ist für Betrieb gesorgt. Keine Spur von Langeweile!

Wir ahnen es, und die Spuren im Schnee bestätigen uns, wer alles in der Nacht um unser Haus schleicht oder nach Fressbarem im Komposthaufen im Garten sucht. Es könnte durchaus gerade hier passiert sein, dass sich Fuchs und Hase gute Nacht gewünscht haben, bevor sie auseinander gingen. Einmal schaltete der Bewegungsmelder draußen das Licht an, als Peter gerade am Fenster stand. Was sah er? Ein Fuchs entfernte sich in aller Ruhe vom Hause. Er hatte seine Erkundungstour bei uns beendet und hoffte auf weitere Entdeckungen. Nicht immer steht einer von uns am Fenster, wenn das Licht angeht. Da wären wohl noch andere interessante Beobachtungen in unserem nächtlichen Garten zu machen.

Der Feldweg aus früheren Zeiten ist jetzt einer jederzeit zugänglichen Straße gewichen. Sie führt an unserem Haus vorbei. Im Sommer gehen wir oft zu Fuß, wenn wir unten im Dorf etwas erledigen wollen. Oder Peter benutzt sein Fahrrad. Natürlich haben wir auch noch unseren kleinen Allradwagen zur Verfügung.

Wir leben in völliger Ruhe mit freier Sicht in die Natur. Zu dieser Natur gehört auch der speziell angelegte Garten mit Gemüsebeeten, Beerensträuchern und Blumen. So kommt fast jeden Tag frisches, fast biologisches Gemüse (ohne Schneckenkörner kommen wir kaum aus) und Salat auf den Tisch. Beeren verspeisen wir oft direkt vom Strauch, sobald sie reif sind. Die ersten selbst geernteten Kartoffeln sind ein Leckerbissen. Eier, Milch und Käse beziehen wir aus der Nachbarschaft. So fehlt es uns eigentlich an nichts. Auch hat sich Peter zu einem fähigen Bäcker entwickelt und macht sich mit Freude ans Teig kneten und Backen von verschiedenen Sorten Brot.

Schon als Kind hat mich diese Natur immer neu fasziniert und ich spürte in mir eine tiefe Verbundenheit. Ich erinnere mich noch genau, wie ich als Mädchen in den ersten Schuljahren über unsere Wiese getrippelt bin und dabei dachte: „Was sind wir doch für reiche Leute, denn all die Blätter, Blüten und Gräser in ihrer Vielfalt und Verschiedenheit gehören uns alleine." Dieses Staunen und die Dankbarkeit sind bis heute geblieben. Jeden Tag gibt es Neues zu beobachten, von kriechenden und fliegenden Lebewesen bis zum Wachsen und Blühen der Pflanzen. Da könnte ich mich lange Verweilen und bisweilen auch Träumen. Zu meinem Hobby gehören unter anderem das Sammeln und Trocknen von Kräutern. Der „Blüemlitee" vom „Grosi" findet immer wieder Anklang und ist zudem gesund. Blumen und Blätter pressen waren einst „in" bei mir. Blumenkarten waren begehrt zu verschiedenen Gelegenheiten. Momentan kommt das Basteln allerdings etwas zu kurz, weil bei mir ja das Schreiben angesagt ist …

Herrlich bunt sind die Wiesen im Frühjahr

Schade ist, dass die blühenden Alpwiesen immer mehr verschwinden. Das Gras wird heute schon frühzeitig gemäht und
ins Silo gebracht, bevor es zum Blühen kommt. Ich denke, das
wird seine Folgen haben für die Zukunft.

6. Die Natur, unser Lehrmeister

Dass ich die Natur liebe, habe ich ja bereits erzählt. Doch die Natur ist für mich noch viel mehr. Aus ihrer Vielfalt lerne ich viel über Gott und unser Leben. Oft wird sie mir zum Gleichnis, erfreut mein Herz, bringt mich ins Nachdenken und lässt mich immer wieder Staunen über unseren Gott, der alles so weise und gut geordnet hat.

Der Hortensienstrauß

Zu meinem Geburtstag erhielt ich etwas verspätet eine selten schöne rosa Hortensie mit viel Grün, reich verzweigten Stängeln und Blüten. Ich frohlockte: Die werde ich behüten wie meinen Augapfel. Deshalb platzierte ich sie an einen günstigen Standort vor dem Hauseingang, geschützt vor rauen Lüften.

Da kam es zu einem plötzlichen Wetterumschwung und die Temperaturen sanken bis zum Gefrierpunkt oder leicht darunter. Die Pflanze hatte zwei Nächte gut überstanden. In der dritten Nacht passierte es dann. Zu meiner großen Bestürzung zeigte das Thermometer am Morgen sieben Grad unter null, und das Ende Mai. Wie konnte es nur so weit kommen? So starke Schwankungen sind heute leider nicht mehr selten. Kaum zu glauben, aber meine Prachtpflanze bot ein trauriges Bild. Das war zu viel für sie! Hätte ich nur …

Jetzt war es zu spät! Dabei wäre es keine allzu große Anstrengung gewesen, den Topf rechtzeitig in Sicherheit zu bringen. Ich dachte: Hoffentlich kommt der Spender nicht gerade in den nächsten Tagen vorbei! Ein kleiner Hoffnungsschimmer kam von meiner Nachbarin: „Setze die Pflanze in den Garten, dann wird sie neue Triebe bilden, den Winter überstehen und nächstes Jahr blühen." Nun, wir würden ja sehen.

Im Jahr darauf trieben wohl Blätter, aber mehr brachte die Pflanze nicht zustande. Immerhin wohnen wir auf einer Höhe von 1440 Metern. Die Hortensie hätte wohl eher treibhausähnliche Bedingungen gebraucht. Die konnte ich ihr leider nicht bieten. Mir wurde wieder einmal die Bedeutung von „wäre ich doch …" oder „hätte ich nur …" bewusst. Es nützt im Nachhinein nichts, sich an die verpassten Gelegenheiten zu klammern. Das Einzige, was hilft: Man muss aus den Erlebnissen eine Lehre für die Zukunft ziehen und es beim nächsten Mal besser machen.

Unser starker Lebensbaum

Ich bin nur acht Monate älter als Peter. Aus diesem Grund feiern wir ab und zu besondere Jubiläen an einem gemeinsamen Termin. So war das zum Beispiel auch, als wir 70 Jahre wurden. Zu diesem Anlass erhielten wir einen Lebensbaum, den wir anschließend in unseren Garten pflanzten.

Eines Frühlings sah er total verkrüppelt aus, als die Last der winterlichen Schneemassen von ihm abgefallen war. Würde er sich je wieder erholen? Hatte er nicht zu lange dem Druck standhalten müssen und würde nun endgültig verbogen und halb verdorrt dahin vegetieren? Es dauerte sehr lange, bis er sich zu Recken und Strecken begann und seine vertrockneten Nadeln fallen ließ. Doch allmählich nahm er seine frühere Gestalt wieder an. Heute ist ihm die alte Last nicht mehr anzusehen. Er gedeiht prächtig und wächst in die Höhe.

Es gab Strecken in unserem Leben, da wir dem Druck der Verhältnisse, der „Schneemassen", nur schwer standhalten konnten. Wir wagten kaum noch zu hoffen, dass sich je etwas verändern würde und wir wieder ein normales Leben führen könnten. Doch dann kam stets der Tag, an dem es so weit war!

Das Alte verlor seine Last und wir durften uns zuversichtlich der Zukunft zuwenden.

Die geduldige Wachsblume

Eine etwas andere Erfahrung machte ich mit der Wachsblume. Ihre ovalen, etwas steifen Blätter im herben Dunkelgrün und die langen braunen Triebe am Ende der Zweige würden bei einem Wettbewerb wohl nicht den ersten Preis erhalten. Trotzdem hatte ich sie sorgfältig gepflegt, immer in der Hoffnung, eines Tages Blütendolden zu entdecken. Die sind nämlich etwas ganz Besonderes. Zwanzig bis dreißig wachsähnliche Sternchen werden an ihren Stielen in einem runden Büschel zusammengehalten, während ihre Blüten nach unten weisen. Die einzelnen Blüten tragen in der Mitte ein winziges weißes Sternchen, das umgeben ist von fünf feuerroten geflammten Blättchen mit einem weißen Stempel in der Mitte. Da herum folgt ein fünfzackiger weißer Stern mit weißer Rippe und als Abschluss fünf abgerundete weiße Blütenblätter. Jede Blüte ist eine seltene Schönheit, ein kleines Kunstwerk für sich und wie Wachs anzusehen und zu befühlen. Sie strömt einen ganz eigenen markanten Duft aus.

Diese Blüten ließen leider auf sich warten, aller Fürsorge zum Trotz. Und ungeduldig wie ich sein kann, meinte ich, der Natur nachhelfen zu müssen. In meiner manchmal zu spontanen Art holte ich eine Schere und schnitt die langen braunen Stängel kurzerhand ab. Meine Überlegung war die: Wenn ich wegschneide, was der Pflanze Kraft nimmt, wird sie umso schneller Blüten treiben. Weit gefehlt! Ich musste doppelt so lange warten! Eine Fachzeitschrift klärte mich auf. Da hieß es, dass diese langen, braunen Triebe auf keinen Fall entfernt werden dürften – scheinbar waren schon andere vor mir auf den gleichen Gedanken gekommen. Diese bilden nämlich die Voraussetzung zu späterem Blühen.

Da hatte ich den Lohn dafür, dass ich voreilig dem Schöpfer ins Handwerk pfuschen wollte. Ich hatte jedenfalls meine Lektion gelernt. Wie so oft hätte ich gerne scheinbar Unnötiges aus meinem Leben entfernt: langes Warten, geduldig sein, nicht aufgeben in schwierigen Zeiten. Die Geschichte der Wachsblume entsprach ganz meinen eigenen Erfahrungen. Die Wachsblume hatte nämlich unterdessen längst angefangen, regelmäßig ihre selten schönen Blüten zu bilden und uns, ganz unverhofft, damit zu beglücken.

Die vernachlässigte Orchidee

In einem Raum der Gemeinde stand eine Orchidee und ich erinnerte mich an ihre einstigen Blüten. Sie entzückten mich, denn sie waren wunderschön und anmutig. Nun allerdings sah es aus, als hätte die Pflanze eine Tortur durchgemacht. Der Blütenstängel war abgebrochen, die ehemals kräftigen, glänzenden Blätter hingen kraftlos und schlaff herunter. Sie waren zum Teil gespalten oder durchlöchert. Da war wohl nichts mehr zu hoffen. Das Beste würde sein, die Pflanze zu entsorgen, denn sie war so unansehnlich geworden. Es schien, als ob sie einem Missgeschick zum Opfer gefallen wäre. Ob es mit ihrem Standort zusammenhing? Die Besucher in diesem Raum wechselten ständig, mal waren es Kinder oder Jugendliche, die sich nicht immer so ruhig und gesittet benehmen, und dann auch Erwachsene. Doch irgendwie brachte ich es nicht übers Herz, sie wegzuwerfen. „Gib ihr noch eine Chance", sagte ich zu mir selbst. Also nahm ich sie mit nach Hause, suchte einen hellen Platz für sie aus, gab ihr regelmäßig die richtige Menge Wasser und versuchte auch sonst, alles recht zu machen. Mehr konnte ich nicht für sie tun.

Nach mehr als einem Jahr durfte ich feststellen, wie zaghaft ein neues Blatt trieb, dann noch eines und wiederum viele Monate später bahnte sich ein Trieb den Weg ans Licht. Eine unbeschreibliche Entdeckung! Solche Erlebnisse sind für mich kostbarer als jede Pflanze, die in Topform aus dem Gewächshaus kommt. Noch viel größer ist für mich die Freude, wenn ich miterleben kann, wie Menschen sich „erholen". Sie sind ja noch viel wertvoller als die schönsten Pflanzen!

„Die Hoffnung stirbt zuletzt!", sagt man. Was bedeutete das am Ende für die Orchidee? Das Resultat war kaum zu beschreiben! Die Blüten mit den schneeweißen Blättern in zarter gelb bis orangerot gesprenkelter Tönung in der Mitte entschädigten mich für alle Mühe und begeisterten mich jeden Tag aufs Neue. Eine Augenweide für die nächsten Monate und hoffentlich immer mal wieder.

Die abgeschnürte Sonnenblume

Einer meiner Lieblingsorte ist der Garten. Hier spielen sich Leben, Wachsen, Blühen und Verblühen ab. In den ersten Jahren säte und setzte ich euphorisch Blumen, bis ich einsehen musste, dass auf unserer Höhe nicht mehr alle Blütenträume zu verwirklichen waren. So begnügte ich mich mit dem, was zu unseren klimatischen Bedingungen passte, und das ist ja immer noch eine große Menge.

Sonnenblumen gedeihen am besten an ihrem selbst gewählten Standort, wo ihre Kerne in die Erde fallen und im Frühjahr keimen. Wer Triebe selbst zieht, muss etwas mehr Zeit einplanen, bis sie sich entfalten. Bei den Sonnenblumen in unserem Garten fiel mir auf, dass sie einen Halt benötigten. Deshalb nahm ich einen Stock und band sie daran fest. Nun konnten sie den oft heftigen Winden besser widerstehen. Sehr bald wurden sie größer und die Stiele kräftiger. Weil sie weiter in die Höhe wuchsen, band ich sie später am Gitter des Zauns an. Nach einiger Zeit fiel mir auf, dass die Blätter der einen Sonnenblume etwas zu welken begannen, was bei der Hitze, die zu der Zeit herrschte, nicht ungewöhnlich erschien. Also goss ich sie. Zwei Tage später war die große, schöne Sonnenblume kurz vor dem Aufblühen verdorrt. Mein Verdacht fiel sofort auf eine Maus, die die Wurzel weggefressen haben könnte. Das traf aber nicht zu. Deshalb untersuchte ich den Fall etwas genauer und musste zu meinem Leidwesen feststellen, dass ich persönlich die Ursache für das Absterben dieser Blume war. Während ich sie nämlich oben erneut angebunden hatte, war sie unten immer noch an dem kleinen Stock fest gemacht. Die Schnur war aber längst zu eng geworden und hatte sich in den immer kräftiger werdenden Stängel eingegraben. So entstand ringsum den Stiel eine Kerbe. Der Saft konnte nicht mehr zirkulieren, die Nahrungszufuhr wurde unterbrochen und meine Blume starb ab.

Kaum zu glauben, wie mich das Ganze beschäftigte. Ich kam so schnell nicht darüber hinweg. Vor allem lernte ich eine weitere Lektion aus der Natur. Ich sah mich als Ehefrau, Mutter und Heilsarmee-Offizieren, die den Menschen, die ihr anbefohlen waren, gerne Halt und Lebenshilfe geben wollte – und dann oft das Gegenteil erreichte. Hatte ich andere Menschen zu sehr an mich gebunden und ihnen so den Freiraum zur Selbstentfaltung und Selbstwerdung genommen? Bestimmt war mir das schon passiert. Zum Glück war mein Ehemann Peter nicht „eingegangen" neben mir!

Die Lektion der Sonnenblume werde ich nicht vergessen. Ich möchte niemanden so vereinnahmen, einengen oder sogar bevormunden, dass ihm der Lebensatem genommen wird.

Noch ein zweiter Gedanke ging mir durch den Sinn. Als die Pflanze nicht mehr mit dem Boden verbunden war und folglich keine Nährstoffe mehr erhielt, musste sie absterben. Ich fragte mich: Wie steht es eigentlich mit meiner Verbindung zu Christus? Kann sein „Lebenswasser" in mich hineinfließen und in mir zirkulieren? Er hat uns ja Leben und reichen Überfluss versprochen, wenn wir in enger Verbindung mit ihm bleiben.

Die launige Eberesche

Hunderte orangeroter Büschel hoben sich vom Herbsthimmel ab. Die leuchtenden Beeren der Eberesche gehörten in diese Jahreszeit und ergaben ein einzigartiges Bild. Wie ich diese Beeren liebte. Sie eigneten sich allerdings nicht zum Essen. Der tiefblaue, oft auch von weißen Schäfchenwolken durchzogene Himmel, das Rot der Früchte, die gefiederten, sich im Wind wiegenden Blätter – daran konnte ich mich nicht genug satt sehen.

Jahrelang hoffte ich allerdings vergeblich auf diese Herbststimmung. Das lag wohl daran, dass ich den jungen Trieb der Eberesche an einem wahrscheinlich ungeeigneten Standort gepflanzt hatte. Jedenfalls verging ein Jahr ums andere ohne den erhofften Erfolg. Ganz anders verhielt sich da eine zweite Pflanze, die ich später in der Nähe des Brunnens eingesetzt hatte. Die ließ mich nicht allzu lange auf ihre Früchte warten. Jedes Jahr wurden es mehr der ersehnten Beerentrauben – zu meiner Freude und sicher auch zur Freude der Vögel.

Wenn dann noch das Wasser in den Brunnen plätscherte, der neben der Eberesche aufgestellt war, konnte ich mich wunderbar beruhigen und entspannen.

7. Musik baut Brücken

Unter dem Titel „Musik baut Brücken" veröffentlichte die
Schweizer Militärmusik vor Jahren eine CD. Ein Motto,
das zutrifft. So haben wir es in einer Ferienwoche unserer
Gemeinde erlebt, die wir vor einigen Jahren in Torgon, einem
Höhenkurort im Wallis, durchführten. Wir logierten damals
im Ferienhaus einer ehemaligen Kaserne. Unsere Gemeinde
führt solche Ferienwochen alle drei Jahre irgendwo in der
Schweiz durch, ab und zu auch im Ausland. In dieser Herbst-
woche war eine bunt zusammengewürfelte Schar von rund
achtzig Leuten jeden Alters beieinander. Das ist schon eine
Herausforderung, alle diese Teilnehmer für eine Woche ein-
mütig unter einem Dach zu haben und für jeden Geschmack
das entsprechende Programm anzubieten. Zu den abwechs-
lungsreichen Angeboten des Lagerlebens gehörten Wande-
rungen, Bergtouren, Fußball, Mountain-Bike-Touren bis ins
Skigebiet hinauf, ein Besuch im Aqua Parc unten im Tal, ein
Einkaufsbummel und ein Ausflug ins traumhafte Einsturzge-
biet des Lac de Taney.

Doch eines gilt immer: Ein großes, gemeinsames Ziel
schweißt alle Altersstufen zusammen. Bei uns war das in diesem Jahr das Adonia-Musical *Jericho*. Peter und ich waren
während dieser Woche für die morgendlichen Bibelstunden
verantwortlich. Mit den Erwachsenen vertieften wir uns ins
Josuabuch der Bibel. Noch vor dem Mittagessen übten zwei
engagierte Gesangsleiterinnen das Musical ein. Der Nachmittag war frei zur eigenen Gestaltung, das Abendprogramm entweder mit weiteren Proben für das Musical oder mit gemüt-
lichem Zusammensein ausgefüllt. Die Verantwortlichen
hatten gute Vorarbeit geleistet, Kostüme genäht, Kulissen
gemalt, bunte Tücher und benötigte Gegenstände mitgebracht.

Unermüdlich wurden Texte und Szenen einstudiert. Die große Begeisterung der Kinder und Jugendlichen sprang auch auf die Erwachsenen über. Sie wurden förmlich mitgerissen. Auch wenn den Älteren das Einprägen von Texten und Bewegungen um einiges schwerer fiel, glichen die Jungen die Lücken aus. Jene Woche wurde zum vollen Erfolg. Alle wurden zusammengeschmiedet, waren voneinander abhängig und lernten sich auch besser kennen. Niemand kam auf den Gedanken, unnötigen Schabernack zu treiben.

Zu Hause kam das Musical im Kirchgemeindehaus in Adelboden und in der Mehrzweckhalle Oey-Diemtigen zur Aufführung. Nicht nur der Einsturz der Mauern Jerichos war ein gewaltiges Erlebnis, ein Beweis von Gottes Größe und Allmacht. Das einträchtige Miteinander von Jung und Alt, von Eltern und Großeltern mit Kindern und Enkelkindern, die miteinander auf der gleichen Bühne agierten, berührte die Zuschauer zutiefst. Hier baute Musik tatsächlich Brücken!

8. Abschied von Cornelia

Cornelia, unsere nicht sehr große, aber umso unternehmungs-
lustigere, lebensfrohe Schwiegertochter, besuchte uns im Februar 2008 mit ihrer Familie. Sie und ihre vier Kinder gönnten
sich einige Tage zum Skifahren bei besten winterlichen Verhältnissen. Allerdings fühlte sich Cornelia diesmal nicht so
gut in Form wie sonst. Oft tat ihr der Rücken weh, sodass sich
die 48-Jährige immer wieder hinlegen und ausruhen musste.
Derweil wagten sich die Kinder allein oder mit dem Großvater
auf die Piste.

Um Näheres abzuklären, hatte Cornelia einen Untersu-
chungstermin beim Arzt vereinbart. Wir machten uns nicht
allzu große Sorgen. Rückenleiden sind ja fast schon eine
Volkskrankheit, die zwar schmerzhaft sein kann, die sich aber
in vielen Fällen beheben oder wenigstens lindern lässt.

Wir ahnten nicht im Geringsten, dass Schlimmeres dahinter stecken könnte. Anfänglich wurde von einem gutartigen
Tumor an der Bauchspeicheldrüse gesprochen. Dann folgten
immer neue Untersuchungen und der Befund wurde immer
eindeutiger. Am Ende stand fest, dass Cornelia an Bauchspei-
cheldrüsenkrebs litt. Ein Tumor saß direkt an dieser Drüse
und konnte nicht operiert werden, weil er für die Ärzte nicht
zugänglich war.

Ein harter Schlag

Als ich zum ersten Mal die ganze Wahrheit über Cornelias
Zustand erfuhr, war ich geschockt, doch wollte ich diese Nach-
richt nicht einfach hinnehmen. In der Stille suchte ich Gottes
Nähe und legte ihm inbrünstig vor, wie ich die ganze Situation
sah: Da ist eine Mutter von vier lebenslustigen Kindern im
Alter zwischen elf und siebzehn Jahren. Ihr Vater, unser Sohn

Daniel, würde ohne seine Frau ziemlich überfordert sein mit diesen Teenagern. Ich nahm mir viel Zeit, um meinem Gott dies alles vor Augen zu halten. Er konnte doch eingreifen, dessen war ich mir sicher. Je länger ich so vor ihm verharrte, desto ruhiger wurde ich. Ja, es kam sogar eine freudige Zuversicht in mir auf. Ich wusste plötzlich, dass alles gut werden würde. Mit dieser Überzeugung stand ich nicht alleine da. Viele beteten und glaubten, dass Cornelia wiederhergestellt würde.

Mehrere Wochen lang schien wirklich eine Besserung einzutreten. Wenigstens sah es so aus, als wäre die Krankheit zum Stillstand gekommen. Dann musste Cornelia nach Luzern ins Krankenhaus. Es ging ihr gar nicht mehr gut. Die Chemotherapie musste abgebrochen werden, weil sie sie nicht vertrug. Auf ihren Wunsch wurde sie nach Hause entlassen.

Als Familie feierten wir am 22. Juni die Konfirmation Tikvas, der Zweitältesten. Beim Mittagessen in einem Restaurant war Cornelia kurz dabei, doch stocherte sie nur in ihrem Teller herum, auf der Suche nach etwas, das sie vertragen könnte. Bald nach dem Essen musste sie sich wieder hinlegen. In den nächsten Tagen ging es rapid abwärts mit ihrer Gesundheit. Jeden Tag war weniger möglich. Am Montag konnte Cornelia noch selbstständig ins Bad gehen und duschen. Am Dienstag musste Daniel sie beim Gehen stützen und am Mittwoch ins Bad tragen. Anfang der Woche trank sie noch ein wenig Milch, dann nur noch Wasser und später gar nichts mehr.

Wir waren vom Sonntag her da geblieben, um der Kranken beizustehen und die Familie zu versorgen, bis uns schließlich Cornelias Mutter ablöste. Als wir uns von der Sterbenskranken verabschiedeten, kam uns ein strahlendes, fast überirdisches Lächeln entgegen. Sie bedankte sich für unsere Dienste, unser Dasein und wünschte uns eine gute Heimreise. Das war die letzte Begegnung. Schon tags darauf hauchte sie ihr Leben aus.

Diejenigen, die ihren Heimgang miterleben durften, waren tief berührt. Sie sprachen von einer ganz besonderen Atmosphäre im Zimmer, die an den Himmel erinnerte. Eine Freundin, Krankenpflegerin von Beruf, die schon viele Sterbende begleitet hatte, berichtete über einen so noch nie erlebten, besonders tiefen Frieden, ja, über Gottes Gegenwart in jenem Raum. Von den Skiferien in Adelboden bis zum Tod waren gerade vier Monate vergangen.

Wir kehrten sofort wieder zur Familie zurück. Dann setzte sich der ganze Apparat in Bewegung mit allem, was nach einem Todesfall zu erledigen war. Die Familie musste funktionieren, wurde von den Verpflichtungen vorwärts geschoben. Von allen Seiten erreichte sie sehr viel Anteilnahme. Es fehlte nicht an wohltuenden Gesten, praktischer Hilfe und schönen Überraschungen.

Alleine zurechtkommen

Für Daniel war es sehr wichtig, seiner Frau eine würdige Beerdigungsfeier zu gestalten. So legte er selbst viel Herzblut hinein bei der Gestaltung und Durchführung des Programms. Es wurde ein tiefgründiges Konzert, das Cornelias Lebensfreude, ihren Glauben und ihre vielfältige musikalische Begabung widerspiegelte. Cornelia hatte als Zwanzigjährige mit einem Lied an der Schweizer Vorentscheidung zum *Eurovision Song Contest* teilgenommen. So wurde auch dieser Song öffentlich abgespielt zu ihrem Gedenken. Heitere und ernste Begebenheiten aus ihrem Leben wurden weitergegeben. Ein Freund der Familie hielt die Predigt. Anschließend an die Feier wurde bei schönstem Sommerwetter allen Teilnehmern ein Imbiss im Freien angeboten. Die Kinder schätzten dabei die Möglichkeit, ungezwungen mit ihren Freunden, Freundinnen und Schulkollegen zusammen zu sein.

Bald nach der Beerdigung nahm das Alltagsleben seinen Lauf. Nur dass jetzt Cornelia fehlte, die all die Jahre fürsorglich und ohne viel Aufhebens für ihre Familie da war. Wer würde sich nun all die großen und kleinen Kümmernisse der Kinder anhören und stets einen guten Rat wissen in all den verzwickten alltäglichen Angelegenheiten, die Kinderherzen beunruhigen können? Wer würde die tiefe, schmerzende Leere im Herzen des Vaters und Ehemannes ausfüllen? Da wir und Cornelias Eltern in einiger Entfernung wohnten, waren unsere Unterstützungsmöglichkeiten als Großeltern begrenzt. Zahllose Anliegen tauchten auf.

In der ersten Zeit fand sich eine Frau, die sich um die Wäsche und das Putzen kümmerte. Das war schon eine große Hilfe, aber es blieb ja noch so viel anderes zu tun: Einkäufe erledigen, Essen kochen, neue Kleider besorgen und abgelegte Kleidung aussortieren. Im Garten gab es noch einiges zu ernten. Mit wahrscheinlich letzten Kräften hatte Cornelia Beete bepflanzt, gesät, gesetzt und begossen. Obwohl sie ursprünglich aus der Stadt kam, war sie zur Gartenliebhaberin geworden, die sich kindlich an jedem kleinen Erfolg freute. Da gab es Salat, Bohnen, Beeren, Tomaten und manches mehr zu ernten.

Was ganz speziell war: Der Vater der Kinder legte großen Wert darauf, dass nicht die Trauer und das Klagen das letzte Wort haben sollten, sondern die Dankbarkeit für alles, was in das Leben dieser Mutter hineingelegt worden war. So brachte es der kleine Kreis der Familie mit schwerem Herzen fertig, trotz großem Abschiedsschmerz Lieder und Refrains zur Ehre Gottes zu singen, wenn auch oft unter Tränen. Das waren fast übernatürliche Momente. Sie glichen wohl eher einem Dankopfer. Dieses Singen zog sich über mehrere Wochen hin und half über manche schweren Momente hinweg.

Da unser Sohn als freischaffender Theologe arbeitet, musste er sein Pensum an Vorträgen, Schulungen und Seminaren gehörig zurückschrauben, um sich der Familie widmen zu können. Dank der finanziellen Unterstützung durch die Witwer- und Waisenrente war das möglich. So fand er genug Zeit, um sich in die Arbeit im Haushalt hineinzufinden. Dabei wollte er nicht nur die Familie über die Runden bringen, sondern vor allem auch zusammenhalten. Das ist in einer Familie mit pubertierenden Kindern eine große Herausforderung, weiß doch jeder, was er will und braucht.

Wenn ich an diese Situation dachte, ging so manches Mal meine Fantasie mit mir durch. Was wäre, wenn die Kinder mit ihrem christlichen Glauben in Konflikt kämen, weil sie an Gott zweifelten und ihm nach all den Erlebnissen nicht mehr vertrauen konnten? Was wäre, wenn ihnen ihre Zukunft völlig gleichgültig werden würde, sie die Schule schwänzten, sich irgendwo draußen herumtrieben, falsche Freunde fänden oder mit Drogen in Berührung kämen?

Ich musste mich willentlich gegen alle diese dunklen Gedanken wehren. Sicher stimmte es, dass sie durch den Verlust der Mutter aus der Bahn geworfen werden könnten. Aber ich wollte mich bewusst positiv verhalten, vor allem Gott die Gelegenheit geben, die Wege der mutterlosen Kinder in die richtigen Bahnen zu lenken. Hatte ich mich einer Selbsttäuschung hingegeben, als ich an jenem Abend vor Gott in der Stille die innere Gewissheit erhielt, dass alles gut werden würde? Dieses „gut werden" hatte ich anders verstanden und gedeutet. Ich hatte mit einer Heilung für Cornelia gerechnet. Nun war es anders gekommen, aber Gott würde zu seinen Zusagen, seinen Verheißungen stehen, dessen war ich gewiss. Auch hier würde gelten, dass Gottes Gedanken anders sind als unsere Gedanken und seine Wege höher als unsere Wege.

Später berichtete uns Daniel einmal, dass ihm im Traum seine Cornelia im Himmel begegnet sei und deutlich machte: Es ist gut so, wie es ist. Das ermutigte ihn und auch uns.

Gott führt es recht

Inzwischen sind sieben Jahre vergangen seit Cornelias Tod. Der jüngste Sohn hat soeben sein Abitur bestanden und wird weitere Schritte wagen. Nach einem Jahr in der Schweizer Armee will er studieren. Seine ältere Schwester hat eine Lehre als Kauffrau im Einzelhandel abgeschlossen, arbeitet vorübergehend in ihrem Beruf und wendet sich bereits einem Zweitberuf zu. Die Zweitälteste hat nach ihrem Abitur und einem Zwischenjahr, das mit einem Praktikum und einem Kurzeinsatz in Mosambik gefüllt war, in Winterthur mit der Ausbildung zur Hebamme begonnen. Besonders die Monate in Afrika haben sie sehr geprägt. Sie erlebte mit, wie Menschen zu Christus fanden und viele von ihren Krankheiten geheilt wurden. Tief beeindruckt, mit reichen Erfahrungen und einem leichten Kulturschock kam sie zurück. Wer aus unserer wohlhabenden Schweiz kommt und plötzlich mit einer einzigen Flasche Wasser zum Duschen auskommen muss, der lernt, für jeden Tropfen Wasser dankbar zu sein. Natürlich gibt es darüber hinaus noch viele andere Dinge, die man als Reichtum schätzt und nicht mehr für selbstverständlich nimmt. Der älteste Sohn schließt wahrscheinlich 2016 sein Maschinenbau-Studium an der ETH in Zürich ab. Er musste sich oft hart durchbeißen, wird aber wohl sein Ziel erreichen.

Meine einstigen Befürchtungen hatten sich zum Glück nicht bewahrheitet. Ich hatte selbst eingesehen, dass neben all unseren Bemühungen nur unsere Fürbitte diese Kinder vor Unheil bewahren und sie auf guten Wegen leiten und zum Ziel führen konnte. Was uns als Großeltern besonders freut ist die Tatsache, dass alle vier ihren Weg durchs Leben mit Jesus Christus gehen wollen. Sie haben ihn lieb und sind bereit, nach seinem Willen für ihre Zukunft zu fragen und danach zu handeln. Das ist für mich einer der Beweise, dass gerade auch Cornelias kurzes Leben und Daniels hundertprozentiger Einsatz für die Kinder reiche Früchte trägt. Für die Mutter hatte es stets erste Priorität, ihre Kinder mit dem Schöpfer aller Dinge in Verbindung zu bringen. Schon ganz früh machte sie sie auf kleinste Wunder in der Natur aufmerksam. So schreckte sie auch nicht davor zurück, einen Frosch, eine Spinne oder irgendein zappelndes, unförmiges, schlüpfriges Wesen in die Hand zu nehmen und die Kinder damit zum Staunen zu bringen.

Schöne Erinnerungen

Was über all die Jahre geblieben ist, sind viele schöne Erinnerungen an die gemeinsamen Jahre. Vieles kommt uns noch heute zu bestimmten Anlässen immer wieder in den Sinn.

Cornelia erzählte mir einmal von ihren Erlebnissen mit der Schule und den Lehrkräften. Drei ihrer Kinder besuchten damals die unteren Klassen. Kaum war Weihnachten vorbei, kam das Fasnacht-Fieber auf. In Schul- und Werkstunden wurde eifrig besprochen und vorbereitet. Dabei gab es keine anderen Themen als Geister, Monster, Hexen und Teufel. Die junge Mutter sollte willig mitmachen, Kostüme nach Anleitung nähen, Kuchen backen und vieles mehr. Auf Zetteln kamen ihr die Aufträge ins Haus geflattert. An einem bestimmten Datum sollten die Kinder einen ganzen Tag lang beim „Fest" mit dabei sein. Cornelia stand das Wasser bis zum Hals. Von ihrem Glauben her konnte sie unmöglich hinter allem stehen. Mutig arrangierte sie einen Termin bei den Lehrern. Ihre Einwände wurden nicht von allen verstanden. Eine Lehrerin aber meinte nachher zu ihr: „Gut, dass Sie sich wehren. Es gibt noch andere

Kinder, die nicht dafür sind." Die Sache musste vor den Schulleiter. Er wollte eine schriftliche Stellungnahme. Cornelia legte freundlich, aber bestimmt ihre Meinung dar. Sie wünsche sich das, was an der Fasnacht vor sich gehe, nicht unbedingt für die eigenen Kinder. Auch habe sie sehr Mühe, dass an der Fasnacht die „Sau" herausgelassen werde, um sich dann kurz darauf der Passionszeit zuzuwenden, als ob mit Beten und Beichten alles wieder gut und ungeschehen sei. Sie machte deutlich, dass sich ihre Einstellung auch künftig nicht ändern würde und sie sich nicht jedes Jahr wieder neu zu Wort melden wolle. Schließlich schlug sie vor, dass sie gerne an besagtem Tag die Kinder mit zum Flughafen nehmen würde, um den Vater nach längerer Abwesenheit abzuholen. Das bringe größeren Gewinn für die Familie. Die Erlaubnis dazu wurde ihr gegeben.

Im Jahr darauf fragten die Lehrkräfte sehr zuvorkommend, ob die Eltern wohl mit diesem und jenem Thema einverstanden wären. Die Kinder müssten dann nur eine halbe Stunde mitmachen. So war Cornelia: Direkt in ihrer Art blieb sie ihrer christlichen Überzeugung treu.

Cornelia war eine vielseitig interessierte und begabte Frau. Fast jedes Jahr zierte ein neuer selbst gestalteter Scherenschnitt ihre Weihnachts- und Neujahrskarten. Sie liebte den Gesang und die Musik und ließ im Haushalt ihrer Kreativität freien Lauf. Bei der reichen Zucchetti-Ernte in diesem Sommer nahm ich wieder einmal Cornelias Rezept hervor, um die Zucchetti einzulegen. Wollen Sie es einmal selbst ausprobieren?

Curry-Zucchetti

1. Tag

3 kg Zucchetti waschen, säubern, in Stücke schneiden und in eine Schüssel geben

1 Tasse Zwiebelringe und ½ Tasse Salz darüber streuen und einen Tag stehen lassen

2. Tag

Alles gut spülen. Den Sirup herstellen, aufkochen und über die Zucchetti gießen und einen Tag stehen lassen

Für den Sirup werden benötigt:

4 Tassen Weißweinessig, 4 Tassen Wasser, 4 Tassen Zucker, 6 Teelöffel Currypulver, 1 Teelöffel Pfeffer

3. Tag

Sirup abschütten, eine ½ Tasse Zucker hinzugeben und nochmals aufkochen

Den Sirup noch einmal über die Zucchetti giessen und noch einen Tag stehen lassen

4. Tag

Zucchetti mit Sirup ca. 10 Minuten aufkochen und in saubere, heisse Gläser abfüllen

Die Gläser sofort verschließen und abkühlen lassen

Die eingelegten Curry-Zucchetti sind über ein Jahr lang haltbar und schmecken übrigens hervorragend als Beilage zu Raclette und anderen Speisen.

9. Ein verdächtiger Knoten

In unserer Sauna stieß ich eines Tages auf einen Knoten in meiner rechten Brust. Sofort durchfuhr mich ein erschreckender Gedanke: Krebs, einer der Hauptfeinde so vieler Frauen. Was könnte das für mich bedeuten? Ich war 73 Jahre alt, hatte drei Kinder geboren, sie mit Freuden gestillt und selbst die Oasen der Stille und der Gemeinschaft mit ihnen genossen. Sie ihrerseits fühlten sich geborgen an der Mutterbrust. Ich war schon immer gerne Frau, hätte mir nie etwas anderes gewünscht. Und nun diese fragwürdigen Anzeichen. Wie würde sich das Ganze bei mir entwickeln? Sollte es so weit kommen, dass ich eine Brust hergeben müsste? Das wäre eine schwere und schmerzhafte Entscheidung, zu der ich mich durchringen müsste. Allerdings war für mich schon immer klar, dass ich wohl einer Totaloperation zustimmen würde, falls einmal eine solche Entscheidung zu treffen wäre.

Ein solcher Eingriff würde eine ganze Menge Umstände verursachen: Ein Aufenthalt im Krankenhaus, regelmäßige Kontrollen, Therapien, Übelkeit, Haarausfall und dergleichen mehr wären zu erwarten. Von so vielen Frauen wusste ich um all die zeitraubenden Behandlungen, die damit verbunden waren, nicht zuletzt durch mehrmalige chirurgische Eingriffe bei einer brusterhaltenden Operation. Ich konnte mich gut in die Lage von jungen Frauen versetzen. Sie hatten das Leben noch vor sich oder hatten bereits Kinder, die noch für einige Jahre dringend ihre Mutter bräuchten. Wie konnten sie das alles verkraften? Bei einigen Frauen führten die Behandlungen trotz sorgfältigen Maßnahmen zu einem verfrühten Tod. Ich kannte Beispiele aus meinem eigenen Umfeld. Allerdings kam das andere Gott sei Dank auch vor: Meine Schwägerin musste sich vor über 25 Jahren einer Brustkrebsoperation unterziehen, verschiedene Behandlungen über sich ergehen lassen und gilt als geheilt. Heute sind die medizinischen Forschungen wesentlich fortgeschritten.

So wurde ich in meinen Überlegungen hin und her gerissen. Meine Situation war nicht direkt zu vergleichen mit der von jungen Frauen, doch gehörten meine Brüste zu meiner Weiblichkeit, zu meinem ureigenen Wesen. Als Frau wurde ich von meinem Schöpfer vollkommen geschaffen, auch zur Freude meines Partners. Im Hohelied der Liebe in der Bibel vergleicht König Salomo auf poetische Weise die weibliche Brust mit zwei Kitzlein, Zwillingsjungen der Gazellen, die unter den Lilien weiden. Ein liebliches Bild! Zwillinge gleichen sich bekanntlich und sind meist unzertrennlich miteinander verbunden. Nun sollte das Skalpell des Chirurgen diese Einheit zerstören, natürlich mit dem Ziel, weiteren Schaden zu verhindern. Ich konnte mir eine solche Verstümmelung kaum vorstellen.

Zwischen Hoffen und Bangen

Bislang hatte ich allerdings erst eine Verhärtung festgestellt, was ja noch nicht unbedingt Krebs bedeuten musste. Also meldete ich mich sofort beim Frauenarzt zu einer Untersuchung an. Nach zwei Jahren Pause wäre sie ohnehin fällig gewesen. Kurze Zeit später wurde von ihm ein Knoten festgestellt, der da nicht hingehörte. Es folgte eine Mammographie, später ein Ultraschall. Am Ende sollte erst eine Biopsie die volle Wahrheit ans Licht bringen. Die oft langen Zwischenzeiten waren voller Anspannung: „Ist es wirklich Krebs oder nicht?"

Peter hatte sich in dieser Zeit auf eine schon lange geplante Israelreise begeben. Unter der Leitung seines Schwiegersohnes Uwe erkundete er mit einer Gruppe das Heilige Land. Ich hatte ihn ermutigt, trotz der ungewissen Umstände zu gehen und nutzte die Zeit des Alleinseins auf meine eigene Art. In meiner Bedrängnis flüchtete ich mich zu Gott. Er war der Einzige, der sich meiner Not, meiner Ängste annehmen konnte. Mir blieb viel Zeit zur Meditation, zum Lesen von Gottes Wort, zur Stille und zum Gebet. Was ich aber auch miteinbezog, war das Singen und ein Teilfasten. Während dieser Tage wollte ich vor Gott prüfen, was er mit mir im Sinn hatte. Jeden Tag sang ich während einer gewissen Zeit all die verheißungsvollen Refrains und Lieder, die mir zum Teil aus meiner Kindheit und Jugendzeit bekannt waren. Aufs Danken hatte ich mich schon lange eingestellt. Es kostete mich einige Überwindung, für den Krebs zu danken, und es mag manchen befremden, dass ich es überhaupt tat. Ich konnte es nur, weil ich überzeugt war, dass Gott gerade daraus für mein Leben und das Leben anderer Gutes entstehen lassen konnte. Meine Stimme erhielt mit der Zeit einen besonderen Klang. Es war mir eine Freude Gott zu danken, ihn durch Gesang in den Mittelpunkt meines Lebens und meiner Sorgen zu stellen.

In einer Tretmühle

Eines Abends bat ich Gott eindringlich um eine Antwort: „Wir sind nun schon so lange miteinander unterwegs und ich hätte wirklich gerne gewusst, was du mit mir vorhast. Es wäre dir doch möglich, mir ein Zeichen zu geben, einen Traum vielleicht, um mir zu zeigen wie ich das einordnen soll, was jetzt gerade in meinem Körper geschieht." In der gleichen Nacht hatte ich gegen Morgen einen kurzen Traum. Ich befand mich in einer kleinen Stube, ähnlich der unseren. Ein eigenartig gelbliches Licht drang von außen durch die Fenster, die Vorhänge bewegten sich leicht im Luftzug. Es sah aus, als ob sich im nächsten Moment ein Gewitter entladen würde. Ich hatte keine Zeit meinen Gedanken nachzuhängen, denn fast gleichzeitig spürte ich eine unheimliche, lähmende Macht auf mir. Ich fühlte mich unfähig, auch nur das Kleinste zu unternehmen. In meiner Angst rief ich fast automatisch: „Jesus, Jesus, Jesus hilf mir! Jesus, du bist Sieger, du bist stärker, dir ist alle Macht gegeben." Mit einem Schlag war die unheimliche Macht wie weggewischt und der böse Traum vorbei, das Bild war verschwunden. Ich erwachte und konnte nur noch „Halleluja!" rufen und danken.

Voller Freude und Hoffnung trat ich dem neuen Tag entgegen. Es ging nach Frutigen zur Ultraschall-Untersuchung. In meinem Herzen sang ich: Du bist Sieger, Jesus! Jede andere Macht muss sich vor dir beugen und hat nichts mehr zu melden. Ja, du bist auch Sieger über die Macht meiner Krankheit.

Die Biopsie erbrachte später dann eindeutig das Resultat: Krebs. Nun befand ich mich in einer Tretmühle, der ich nicht mehr entrinnen konnte. Trotz allem wollte ich beim Danken bleiben, denn ich wusste ja, dass Gott allein über mein Leben bestimmen würde.

Zwei Tage vor dem Eintritt ins Krankenhaus – ich hatte gerade einige Zeit in der Stille mit Gott verbracht und wollte zu Bett gehen – ging einige Minuten lang ein leichtes Kribbeln durch meinen Oberkörper. Ich hatte keine Erklärung dafür, aber es kam mir so vor, als würden sämtliche Krebszellen in meinem Körper vernichtet. Das war meine persönliche Deutung und ich weiß, jemand anderes würde dieses Erlebnis eventuell ganz anders beurteilen. Bin ich vielleicht zu naiv? Wieso sollte ich nicht kindlich sein, wo doch Jesus selbst einmal ein Kind vor die Jünger stellte und sagte: „Wenn ihr euch nicht ändert und so werdet wie die Kinder, kommt ihr nie in Gottes neue Welt" (Matthäus 18,3). Mir war in diesem Moment ganz klar, dass er mein Anliegen gehört hatte und mich verstand. Er wusste, was ich gerade jetzt nötig hatte.

Nie allein

Die Operation wurde auf den Vormittag des 1. April festgelegt. Das war leider kein Aprilscherz, sondern bitterer Ernst. Der Anästhesist kam am Abend zuvor bei mir vorbei, um das Nötigste zu besprechen. Im Laufe des Gesprächs wandte er plötzlich ein: „Sie sind so ruhig und gefasst, nehmen das Bevorstehende gelassen. Eigentlich könnte ich Ihnen eine kürzere Narkose verschreiben. Es würde sich nachträglich günstiger auf Sie auswirken. Sie wären schneller wieder hergestellt." Natürlich war ich damit einverstanden. Meine innere Ruhe hatte ich ja auch schon dankbar wahrgenommen. Das Schönste wäre für mich wohl gewesen, wenn mir plötzlich erklärt worden wäre: Wir finden keine Krebszellen mehr! Dazu hätte es aber einen neuen Test gebraucht. Die Zeit drängte und im Vertrauen auf Gott ließ ich der Sache ihren Lauf.

Der Eingriff verlief planmäßig und ohne Komplikationen. Ich verspürte Gottes wunderbare Nähe vor und nach der Operation. Sie war bestimmt auch während der Arbeit des Chirurgen da. Ruhe und tiefer Frieden erfüllten mich. Mein Körper funktionierte schon gleich nach dem Erwachen wieder fast normal. Ich konnte sofort essen und vertrug die Nahrung. Es wurde mir nie schlecht oder schwindlig. Die Schmerzen hielten sich in Grenzen. Kein einziges Mal brauchte ich Hilfe in der Nacht. Ich war erstaunt, wie gut ich mich fühlte und wie rasch ich mich erholte. Eine Therapeutin kam, um vorsichtig die ersten Bewegungen mit dem Arm zu machen und war erstaunt, wie gut dies gelang. Am zweiten Tag beschloss sie, diese Übungen abzubrechen, weil sie nicht mehr nötig waren.

Ich spürte die Sorge der Pflegerin, als sie mir zum ersten Mal den Verband abnehmen sollte und mich damit vor vollendete Tatsache stellen würde. Ich konnte sie beruhigen: „Schon im Voraus habe ich mich von meiner Brust verabschiedet. Ich habe mir auch schon erlaubt, den Verband sachte zu heben und dahinter zu gucken. Bestimmt kein schönes Bild, aber ich bin gefasst." Die Einfühlsamkeit der Pflegefrau tat mir aber dennoch wohl.

Nun musste ich mich also von einem Teil meines Körpers trennen. Es galt loszulassen und das Beste daraus zu machen. Vielleicht war das ja eine gute Vorbereitung auf das Loslassen, das uns allen im Alter bevorsteht? Ein wenig kam ich mir vor wie eine „Gewinnerin", denn Jesus selbst sprach ja auch einmal davon, dass es besser sei, ein Körperteil herzugeben, um das himmlische Ziel zu erreichen. Loslassen, um alles zu gewinnen. Das ist ein unbequemes Wort in unserer Zeit, in der der Körperkult Hochkonjunktur hat. Doch mir half es, den Verlust meiner Brust in einem anderen Licht zu sehen.

Ermutigungen

In diesen Tagen musste ich immer wieder an meine Schwägerin denken, die mit meinem älteren Bruder verheiratet ist. Wir waren damals noch von Basel aus für die Arbeit der Heilsarmee in der Region Nordostschweiz verantwortlich. Gerade hatte eine Frauenfreizeit begonnen, die ich zu leiten hatte, als ich vom Krankenhausaufenthalt von Friedi hörte. Auch sie musste damals wegen Brustkrebs operiert werden. Das war damals für sie und auch für mich ein ordentlicher Schock! Wie würde sie damit umgehen? Ich musste sie anrufen, aber mir bangte davor. Also ließ ich mir einige Stunden Zeit, um mich innerlich zu fassen. Dann griff ich zögerlich zum Telefon. Als auf der anderen Seite abgenommen wurde, drang lautes Gelächter an mein Ohr. Ob ich wohl falsch verbunden war? Nein, die mir vertraute Stimme erklärte: „Wenn du wüsstest, wie wir hier miteinander gelacht haben …" Der Bann war gebrochen und die Worte ergaben sich wie von selbst. Bei Friedi war es damals lediglich zu einem Teileingriff gekommen mit den entsprechenden Behandlungen. Ihre fröhliche Art und ihr Gottvertrauen hatten bestimmt sehr zu ihrer Heilung beigetragen. Viele Jahre später stellte ein Arzt Friedi gegenüber fest: „Was Sie erlebt haben, in Ihrer Krebsgeschichte, ist ein Wunder!"

Wissenschaftliche Studien haben gezeigt, dass Menschen, die Gott vertrauen, in der Regel bessere Heilungschancen haben. Sie setzen ihr Vertrauen nicht nur auf Medikamente, sondern ebenso sehr, vielleicht sogar noch mehr in ihren Schöpfer, der genau weiß, was in ihrem Körper alles funktionieren soll und kann.

Peter nahm mich auch nach der Operation als vollwertige Partnerin an. Für ihn zählten die inneren Werte mehr als äußere Vollkommenheit. Schließlich hatten wir inzwischen schon 46 Jahre lang Zeit gehabt, uns in Freude und Leid beizustehen, uns gegenseitig mit unseren Stärken und Schwächen anzunehmen, die Ecken und Kanten abzuschleifen und das Loslassen zu üben. Ja, auch das Loslassen will gelernt sein gerade in unserem Alter. Es fing damit an, die Kinder ins Erwachsenenalter und später in ihre Ehen loszulassen, was für uns nicht immer so einfach und schmerzlos war. Hätten wir es aber nicht getan, hätte es schwerwiegende Folgen für sie und uns haben können. Das wollte ich mir jetzt vor Augen halten. Mein Gottvertrauen sollte sich auch in Zukunft in fröhlicher, unbeschwerter Art äußern. Ich gehörte einem Gott an, der alles in den Händen hatte, für den es keine Grenzen gab. Was sich früher in meinem Leben bewährt hatte, konnte doch auch auf meine Krebssituation zutreffen. Theoretisch war für mich alles klar, es musste jetzt nur noch ganz praktisch werden.

Nach der Operation stellte sich bei mir die Frage, welche Nachbehandlung erforderlich sein würde. Für diese Entscheidung musste ich zu einem Professor ins Inselspital nach Bern fahren. Er nahm sich viel Zeit, um mir anhand von Skizzen, die er machte, alles bis in alle Einzelheiten zu erklären: die Größe des entfernten Knotens, seine Beschaffenheit, die Zusammensetzung der Krebszellen usw. Er schlug eine dreifache Behandlung vor, bestehend aus: Chemotherapie, Antihormontherapie und Immuntherapie. Meine Reaktion war: „Das alles muss ich machen lassen?" Darauf gab er mir zur Antwort: „Nein, das müssen Sie nicht. Das ist Ihre freie Entscheidung. Sie können sich alles in Ruhe überlegen und mir bis zum gesetzten Termin die Antwort geben. Ich habe Ihnen einfach empfohlen, was ich gut finden würde."

Farbe bekennen

Nun begann in mir ein zäher Kampf. Hatte ich nicht geträumt, dass das Dunkle, Lähmende, in meinem Leben besiegt sei? Ich bezog dies auch auf meine Krebskrankheit. Auch hatte ich später dieses leise Kribbeln verspürt, das für mich ein Zeichen der Heilung darstellte. Ich hatte mich seit meiner Operation in jeder Beziehung so gut gefühlt. Sollte ich nun wirklich auf die Vorschläge des Professors eingehen und diese dreifache Therapie über mich ergehen lassen? Ich hatte einfach keine Freiheit dazu, empfand es schon fast als Misstrauen gegenüber meinem Gott. Auf der anderen Seite wusste ich um den Tod meiner Schwiegertochter. Es war noch kein Jahr seitdem vergangen. Was gäbe es für Reaktionen, wenn sich der Krebs bei mir trotz allem wieder melden würde? Es war ein Auf und Ab meiner Gefühle und ein Kampf mit meinem Glauben. Will ich Gott in dieser Sache ganz vertrauen oder eben doch nicht? Nach reiflichem Überlegen und Abwägen entschloss ich mich, Gott bedingungslos zu vertrauen.

So schrieb ich dem Professor folgende Antwort:

Lieber Herr Professor A.

Sie erwarten eine Antwort auf das Gespräch, das Sie Montag, 25. Mai, in der Frauenklinik mit mir führten.

Ich habe mir Ihre Vorschläge gründlich überlegt und vor allem darüber gebetet. Ich weiß und spüre es auch seit einiger Zeit, dass die göttlichen Heilkräfte in meinem Körper wirken. Sie werden ein ganzes Werk tun. Aus diesem Grunde verzichte ich auf weitere Therapien. Diesen Entscheid treffe ich auf eigene Verantwortung. Selbstverständlich werde ich mich weiterhin den erforderlichen Kontrollen unterziehen.

Was ich jetzt erlebe, ist nichts Neues für mich. Im Alter von 23 Jahren wurde ich durchs Gebet von einer Körper bedeckenden Psoriasis geheilt. Der Hautspezialist in Thun wusste damals nicht mehr wie weiter. Die Krankheit hatte ein schlimmes Ausmaß angenommen und sprach auf keine Medikamente mehr an. Jesus Christus, Gottes Sohn, gab mir eine neue, gesunde Haut. Seit Jahrzehnten ist keine Spur mehr von dieser Krankheit zu finden. Seither durfte ich immer wieder Gottes Eingreifen bei mir und in meiner Familie erleben.

Ich bin den Ärzten und dem Spitalpersonal sehr dankbar für ihren aufopfernden Dienst an mir und an einer leidenden Menschheit. Er ist nötiger denn je. Ich danke auch Ihnen, Herr Prof. A., für ihre Bemühungen und für Ihr Verständnis.

Ich wünsche Ihnen Gottes reichen Segen, auch in Ihrer verantwortungsvollen Aufgabe, und

verbleibe mit herzlichen Grüßen

Hilda Hari-Wäfler

Der Professor antwortete rücksichtsvoll, ohne meine Entscheidung in Frage zu stellen. Dafür bin ich ihm heute noch dankbar. Seine Worte waren für mich ermutigend.

In diesem ganzen Prozess fühlte ich mich weder als Heldin noch als Frau, die über der Wirklichkeit schwebte und sich religiösen Utopien hingibt. Ich weiß um große Kämpfe, Fragen, Zweifel und Verzagtheit. Das einzige, was mich über Wasser hält, war und ist ein unerschütterliches Vertrauen in die Allmacht Gottes und in seine unfehlbaren Wege mit denen, die ihre Zukunft in seine Hände legen. Ich persönlich würde nie jemandem anraten auf Nachbehandlungen nach Krebsoperationen zu verzichten, es sei denn der oder die Betroffene ist sich ihrer Sache von Gott her ganz sicher und hat die Entscheidung gründlich gemeinsam mit anderen Menschen geprüft. Jeder Mensch ist unterschiedlich und reagiert und empfindet anders als andere. Auch hat jeder ein ganz individuelles Verhältnis zu Gott. Von ihm werden wir nicht pauschal, sondern ganz individuell behandelt. Was ich aber unbedingt empfehlen kann, ist, Gott bedingungslos zu vertrauen, auch da, wo menschlich gesehen nichts mehr zu erwarten wäre. Gott ist größer als alles! Heute, nach mehr als sechs Jahren, ist mein Zustand stabil geblieben. Ich verspürte diesbezüglich nie auch nur die leiseste Beschwerde. Jeden neuen Tag nehme ich dankbar aus der Hand dessen, der so viel weiser ist als ich.

10. Gott ist meine Freude

Wer mich etwas näher kennt, der weiß, dass ich bestimmt kein Griesgram bin. Ich war stets bemüht, das Leben von der positiven Seite zu sehen und jedem Negativtrend entgegenzuwirken. Das wollte mir jedoch nicht immer auf Anhieb gelingen. Von Natur aus neigt ja jeder Mensch eher zum Jammern und zum Selbstmitleid. Daher sah ich mich veranlasst, dieser schlechten Gewohnheit kräftig entgegenzusteuern. Wieder fand ich dabei wertvolle Hilfe in der Bibel.

Ein ausgezeichnetes Beispiel ist für mich König David aus dem Alten Testament. Er hat mich Wesentliches gelehrt, wenn es darum geht, das Leben zu meistern. Er wird beschrieben als ein Mann nach dem Herzen Gottes. Während seines Lebens musste er vielen Feinden entgegentreten, Verfolgungen auf sich nehmen und um sein Leben bangen. Dabei kannte David auch dunkle Stunden persönlichen Versagens und Schuld. Wir lesen von ihm, dass er Ehebruch beging und sogar zum Mörder wurde. Was ihn aber einmalig machte, war seine Bereitschaft, Buße zu tun, sein Unrecht zu bekennen und Gott um Vergebung zu bitten. Seine Königswürde hinderte ihn nicht daran. Er liebte seinen Gott über alles. Das zeigt sich in den folgenden Ausführungen, in seinem Willen, Gott allein die Ehre zu geben und sich in ihm zu freuen. So stand er vor Gott als begnadigter und gerechtfertigter Mann nach Gottes Herzen.

Ich will mich freuen

„Ich freue mich." Wenn ich dies sagen kann, dann stimmt das Umfeld, dann steht der Freude nichts im Wege. Sie stellt sich ohne Anstrengung ein, fast wie von selbst. Was aber mache ich, wenn die äußeren Umstände schwierig oder bedrohlich sind, wenn mir überhaupt nicht zum Freuen zu Mute ist, wenn ich mich traurig oder bedrückt fühle? Hier zeigt sich der entscheidende Unterschied zwischen einem „Ich freue mich" und einem „Ich *will* mich freuen". Es braucht nämlich den Entschluss, um den Weg aus Angst, Sorgen oder Resignation zu finden und zur Freude vorzudringen. Deshalb lesen wir bei David so oft davon, dass er sich freuen *will*, dass er sich, unabhängig von seinem Befinden, ganz bewusst für die Freude entscheidet.

Davids Methode ist dreitausend Jahre alt, aber sie kann mir heute auf die Spur helfen. Ich kann aus den Liedern Davids, die in den Psalmen überliefert sind, für mein Leben lernen, auch wenn ich selbst noch nie vor bewaffneten Feinden fliehen oder um mein Leben bangen musste. Meine Nöte sind anderer Art.

Was ich von und über David lese, fasziniert mich.

Mich fasziniert seine Ehrlichkeit

Er gibt offen zu, dass er nachts so sehr weint und mit seinen Tränen das Bett durchnässt; dass ihm Verleumdungen Schmerzen zufügen; dass er sich Lügnern und Großmäulern gegenüber ohnmächtig fühlt; dass es ihm nicht gleichgültig ist, dass seine Ehre in den Dreck gezogen wird und er nicht an seinen Feinden zerbrechen möchte; dass es Augenblicke in seinem Leben gibt, in denen er vor Angst wie gelähmt ist und dass er noch nicht sterben möchte.

Mich fasziniert seine Bereitschaft, Buße zu tun

Er gibt Schuld zu und bekennt seine Sünden, nachdem der Prophet Nathan ihn wegen seines Ehebruchs mit Batseba zurechtgewiesen hatte. Seine königliche Stellung hindert ihn nicht daran, zu seinem Versagen zu stehen.

Mich fasziniert seine Nähe zu Gott

Die Sprache Davids ist reich an Ausdrücken, für das, was Gott für ihn bedeutet. Gott ist seine *Zuflucht*, seine *Burg*, seine *Festung*, sein *Schutz*, sein *Schild*, sein *Fels*, sein *sicherer Ort*, sein *Herr* und sein *Gott*, der *heilige Gott*, die *höchste Majestät*, der *mächtige König*, der *Herr über Himmel und Erde*, ein *starker Held*, der *gerechte Richter*, *Helfer*, *Retter*, *Beschützer*, *Halt*, *Herrscher*, *Hirte*, der *Treue*, sein *ganzes Glück*, sein *Licht*, seine *Quelle*, derjenige, *der hält, was er verspricht*, der das *Schicksal seines Volkes wendet*, der ihm *hilft gute Entscheidungen zu treffen*, der seine *geheimsten Gedanken und Gefühle kennt*.

David bekennt: „Du Herr, bist alles, was ich habe, du gibst mir alles, was ich brauche. In deiner Hand liegt meine Zukunft" (Psalm 16,5).

Im tiefsten Innern weiß David: Meinem Gott bin ich nicht gleichgültig. Meine Not greift auch ihm ans Herz. Irgendwann wird er alles zu meinem Besten wenden. Doch bis es so weit ist, *will* er die Zeit damit ausfüllen, Gott zu loben und ihn zu verherrlichen. Dafür ließen sich viele Beispiele anführen, doch möchte ich hier nur den Psalm 71 herausgreifen. Bei diesem Psalm wird David zwar nicht ausdrücklich als Verfasser genannt, aber es begegnen uns zahlreiche Aussagen, die David auch in anderen Psalmen macht. Außerdem passt der Psalm gut zu dem, was wir aus der Bibel über das Leben Davids erfahren. Der Psalmdichter trifft eine ganze Reihe von Entscheidungen. Er sagt, was er tun will:

• Darum *will* ich dich loben mein Leben lang (Vers 6)
• Darum *will* ich dich vor anderen loben, Tag für Tag *will* ich dich rühmen (Vers 8)
• Nie werde ich aufhören auf dich zu hoffen – loben *will* ich dich, je länger, je mehr (Vers 14)

- Jeden Tag *will* ich erzählen, wie du aus der Not befreist (Vers 15)
- Deine machtvollen Taten *will* ich rühmen, Herr, mein Gott (Vers 16)
- Darum *will* ich dir mit dem Spiel auf der Harfe danken. Ich lobe deine Treue, du mein Gott! Zur Laute *will* ich dir singen (Vers 22)
- Tag für Tag *will* ich davon reden, dass du wirklich Wort hältst (Vers 24)

Neun Mal wird Gott ganz bewusst aufs Podest gestellt: mit der Stimme, mit den erhobenen Händen, mit unterschiedlichen Musikinstrumenten. Der feste Entschluss, Gott zu loben, bewirkt jubelnde Freude. In Vers 23 heißt es nämlich: „Ich juble vor Freude, wenn ich von dir singe". Von ganzem Herzen rühmt der Psalmist die Größe Gottes, seine wunderbaren Taten im eigenen Leben. Er wird förmlich von der Freude mitgerissen. Das würde nicht passieren, wenn er im Jammern und im Klagen stecken geblieben wäre (wobei unsere Klagen vor Gott auch ihren Platz haben, wie wir es in vielen Psalmen nachlesen können).

Von der Haltung eines David will ich mich anstecken lassen. Sie ist mir eine enorme Hilfe im täglichen Leben. Doch noch etwas anderes hilft mir in schweren Stunden und richtet mich auf: Auch Gott sagt ein „Ich will". Der allmächtige Gott *will* mir Mensch Gutes tun. Auch das fasziniert mich immer wieder neu.

Mich fasziniert Gottes „Ich will" für mich

- Wie ich mit Mose gewesen bin, so *will ich* auch mit dir sein. *Ich will* dich nicht verlassen noch von dir weichen. (Josua 1,5 LU)

- *Ich will* dich lehren und dir sagen, wie du leben sollst; ich berate dich, nie verliere ich dich aus den Augen. (Psalm 32,8)
- Wenn er zu mir ruft, antworte ich ihm. Wenn er keinen Ausweg mehr weiß, bin ich bei ihm. *Ich will* ihn befreien und zu Ehren bringen. (Psalm 91,15)
- Unser Gott ist im Himmel, und alles, was *er will*, das tut er auch. (Psalm 115,3)
- Denn so du durch Wasser gehst, *will ich* bei dir sein, dass dich die Ströme nicht sollen ersäufen. (Jesaja 43,2 LU)
- Gott hat Geduld mit euch und *will nicht*, dass auch nur einer von euch verlorengeht. (2. Petrus 3,9)

11. Adelboden

Waren Sie schon einmal in Adelboden im Berner Oberland? Hier sind mein Ehemann Peter und ich geboren und wir lieben diesen Ort, in dem man sich noch ganz individuell entfalten kann. Hier leben einerseits eher fortschrittlich gesinnte Leute, die gerne vorwärts streben und die Zukunft vor Augen haben. Andererseits sind hier aber auch Menschen zu Hause, die großen Wert auf ihre Tradition legen und alles gerne etwas langsamer angehen wollen. Sie möchten ein möglichst intaktes Landschaftsbild erhalten und schrecken eher zurück vor so manchem hochfliegenden Plan und einschneidenden Veränderungen. Aus meiner Sicht braucht es beides, und das in einem rechten, ausgeglichenen Maß.

Ich erinnere mich noch gut an den Schrecken, den ich beim Besuch eines anderen bekannten Ferienorts im Berner Oberland bekam. Das Dorf wirkte auf mich völlig seelenlos und mich fror, was allerdings nicht nur an der kühlen Temperatur lag. Es war Adventszeit, die Häuser und Straßen präsentierten sich in einer wunderschönen, gediegenen Dekoration. Doch irgendetwas fehlte mir, ohne dass ich hätte erklären können, was. An der Hauptstraße befanden sich außer einer Bäckerei-Konditorei mit Tea-Room nur Banken, Schmuck- und Uhrengeschäfte und Boutiquen für Souvenirs und Designerklamotten. Die „gewöhnlichen" Geschäfte waren alle in den Hintergrund verdrängt worden oder existierten überhaupt nicht mehr. Vor einem Geschäft wartete ein Kutscher mit seinen Pferden auf seinen in Pelz gekleideten weiblichen Fahrgast. Die Dame ließ sich drinnen eine kostbare, hohe, chinesische Vase vorführen. Ich habe nichts gegen noble Geschäfte und auserlesene Waren, doch wie froh war ich, dass ich in *mein* Dorf zurückkehren durfte.

Zu Besuch in Adelboden

Unser Bergdorf ist ein weltberühmter Ort für Sportbegeisterte, Bergtouristen und Erholungsbedürftige. Das Dorf liegt auf einer herrlichen Sonnenterrasse, die umgeben ist von, je nach Jahreszeit, unterschiedlich hoch mit Schnee bedeckten Berggipfeln, und schaut in der Ferne dem herunterstürzenden Wasserfall zu. Im weiten Talkessel finden sich überall verstreut Chalets, Bauernhöfe und seit einigen Jahren auch große, moderne Scheunen – neben den oder anstelle der alten.

Unser schönes Tal am Fuße des Wildstrubels

Hier geht es das ganze Jahr über recht international zu, was jedoch nicht ausschließt, dass man hier einander noch kennt oder bald kennen lernt und einander noch grüßt auf der Straße. Man *muss* das nicht, *darf* es aber. Die Feriengäste wechseln gerne ein paar Worte mit Einheimischen, lernen ihre Mentalität kennen und teilen oft ihre Freuden und auch

Sorgen. Zumindest in den Sommermonaten, denn im Winter sind die meisten bestrebt, sobald wie möglich auf die Bretter zu kommen und die Pisten hinunter zu sausen. Wer aber etwas Zeit und Muße mitbringt, wird überall einen willigen Gesprächspartner finden. Viele Hotels haben erkannt, dass der Kontakt zwischen Gästen und Einheimischen durchaus ein besonderes Qualitätsmerkmal sein kann. Über regionale Produkte und allgemeine öffentliche Programmangebote werden das gegenseitige Kennenlernen und die Begegnung gefördert. Viele Gäste bescheinigen unserem Dorf eine ganz besondere familiäre Atmosphäre, die durchaus geschätzt wird. In einer oft kalten, gefühllosen, unpersönlichen Welt finden Urlauber und Ruhebedürftige hier mehr als nur körperlicher Erholung. Gäste wollen die Natur ganzheitlich erleben, wollen sehen und schmecken, wie Käse auf der Alp entsteht, und mit den Sennen über Milch, Kühe und Geheimrezepte reden. Sie wollen dem Holzschnitzer bei seiner kunstvollen Tätigkeit zusehen und ein dabei entstandenes Erinnerungsstück mit nach Hause nehmen. Wer mit offenen Augen und Ohren nach Adelboden kommt, geht nicht mit leeren Händen zurück.

Dorfpolitik

Adelboden zeichnet sich aus durch eine Dorfgemeinschaft, die noch lebhaft Anteil nimmt am politischen Geschehen. Die meisten Einwohner sehen es als ihre Pflicht, an einer Gemeindeversammlung teilzunehmen. Dabei kann es dann auch schon mal zu heftigen Auseinandersetzungen kommen und so manches Mal redet man sich die Köpfe heiß. Da liefern sich „Schwandherren" und „Näbenuuslüt" (die Oberschicht aus dem Dorf und Leute aus den Außenbezirken) hitzige Debatten. Eine gesunde Streitkultur schadet nicht, ist sogar nötig. Das macht das Ganze lebendig und bewahrt vor allzu einseitigen Entwicklungen. Zu sagen ist, dass Bewohner aus dem Dorf heute sehr oft auch außerhalb wohnen, in ruhigeren Nebenbezirken. Gleichzeitig ergattern dank besserer Ausbildungschancen auch immer mehr Leute aus ganz einfachen Verhältnissen einen der begehrten Posten im Dorf, genannt Schwand. Kluge Köpfe gibt es zum Glück in jeder Schicht und in der Politik geht es ja meist nicht darum, eine Idee einfach durchzuboxen, sondern nach der bestmöglichen Lösung für alle zu suchen. Diese liegt oft zwischen allzu hoch gesteckten Plänen und sturer Hartnäckigkeit. Sehr oft ist dabei die Frage nach den eigentlichen Motiven hilfreich: Geht es bei einem Vorhaben um das allgemeine Wohl oder ein persönliches Gewinnstreben?

Kulturelles Leben

Das gesangliche, musikalische, sportliche und kulturelle Bild des Tales wird heute von rund fünfzig Clubs und Vereinen geprägt, die sehr oft noch einen Sinn für unsere Heimat vermitteln oder alte Traditionen aufleben lassen. Das *Trücklen* zum Beispiel, eine alte Heimarbeit, bei der von Hand Zündholzschachteln aus Holzspan hergestellt werden. Dieses alte Handwerk wurde vor mehr als 100 Jahren vor allem im Engstligental von den Bergbauernfamilien ausgeführt. Groß und Klein waren oft bis spät in die Nacht hinein damit beschäftigt. Mit großem Aufwand brachten sie es auf 6000 bis 8000 Trückli pro Woche. Die fertigen Schachteln wurden auf einem beschwerlichen 16 Kilometer langen Weg zu Fuß nach Frutigen gebracht. Für 1000 Stück erhielten sie 70 Rappen, später einen Franken. Doch meistens wurde der Lohn mit Lebensmitteln statt in Bargeld ausbezahlt. Für kinderreiche, arme Familien war dies jedoch ein wertvoller, dringend benötigter Zusatzverdienst.

Brief aus der Heimat

Eine sehr wichtige Funktion erfüllt der „Hiimatbrief", unser Heimatbrief. Seit Herbst 1947 erscheint er regelmäßig einmal im Jahr. Die ersten sieben Broschüren verfasste Dr. Jakob Aellig, ein gebürtiger Adelbodner Gymnasiallehrer, Historiker und Heimatforscher. Dann fuhr sein Vater, Lehrer Christian Aellig damit fort bis zur 30. Ausgabe. Nach ihm nahm wiederum der Sohn die Sache in die Hand bis ins Jahr 2000. Die nächsten vier Jahre kümmerte sich dann der Gemeindeschreiber Peter Oester um die Angelegenheit und seit 2004 zeichnet sich der Psychologe und Pädagoge Christian Bärtschi, ein in Bern wohnender Adelbodner, dafür verantwortlich. Seit 2013 steht ihm der Journalist und Radioreporter Toni Koller, ebenfalls ein gebürtiger Adelbodner, zur Seite.

Dr. Jakob Aellig, schrieb im Jahr 1973 im Vorwort zum Sammelband nach 25 Jahren:

> *„In Zusammenarbeit mit dem Natur- und Heimatschutzverband Adelboden, liessen wir uns von dem Bestreben leiten, die heimatschützerischen Belange unseres Tales zu fördern, Mitbürger aus ihrem Leben oder von alten Zeiten berichten zu lassen und späteren Generationen einen lebhaften Eindruck vom Volksgut und von der Volkssprache des jeweils gegenwärtigen Adelbodens zu vermitteln."*

Heute, nach 68 Jahren, flattert der „Hiimatbrief" immer noch in jeden Haushalt von Adelboden und zu vielen Hundert auswärtigen Adelbodnern und zu begeisterten Adelboden-Fans. Eine reiche Tradition aus Liebe zur Heimat, die verbindet und auch zur Verantwortung verpflichtet.

Das Dorfarchiv

Christian Bärtschi verwaltet auch das seit 2008 bestehende Dorfarchiv im Keller des Pfarrhauses und hält es auf dem neuesten Stand. In der Stiftung Dorfarchiv sind umfangreiche Aellig-Bärtschi Sammlungen zu finden sowie Bücher, Dokumente, Briefe und Verträge, die im Zusammenhang mit Adelboden und seiner Geschichte stehen. Das reiche Material wie auch sämtliche Ausgaben der bisher erschienenen Heimatbriefe sind für jedermann zugänglich. Das Dorfarchiv ist jeweils am ersten Samstag jedes Monats geöffnet und zusätzlich an der Bergrechnung, wenn die Bauern während des Frühlingsmarktes im Juni um die letzen Kuhrechte für den anstehenden Alpsommer feilschen, und während des Herbstmarktes, den beiden Tagen, die besonders für die Bauern von großer Bedeutung sind, mehr und mehr aber auch für interessierte Besucher aus dem Unterland.

Heimatmuseum

Das Heimatmuseum, seit 1982 in der ehemaligen englischen Kirche eingerichtet und von freiwilligen Mitarbeitern betreut, vermittelt viel Wissens- und Sehenswertes über Einwohner, Bräuche, Gegenstände und Wohnkultur im Engstligental aus längst vergangenen Zeiten. Sogar ein echter „Stafel", eine traditionelle Sennhütte, wurde darin aufgebaut. Wer das Museum besucht, wird Adelboden und seine Geschichte hinterher mit ganz anderen Augen sehen. Das Museum ist jeweils während der ganzen Sommer- und Wintersaison mittwochs am Nachmittag geöffnet.

Glauben und Frömmigkeit

Das kirchliche, religiöse Leben gehört seit jeher zu Adelboden und sorgt immer wieder mal für Gesprächsstoff. Wer die Geschichte von Adelboden von Anfang an verfolgt, darf feststellen, dass der Glaube an Gott schon immer eine wichtige Rolle gespielt hat. Von kaum einem Dorf oder Tal ist mir etwas Vergleichbares bekannt. Ich bin jedes Mal wieder neu fasziniert von der Entstehung des Dorfes, der Kirche und von den Strapazen, die mit dem Bau einer Zugangsstraße nach Adelboden und der Gründung der eigenen Kirchgemeinde verbunden waren. Dafür danke ich meinen Vorvätern, dass sie tapfer und mutig ihr Ziel verfolgten und auch bereit waren, die Sache finanziell zu tragen. Sie verbürgten sich mit Leib und Leben für diese Sache, während wir heute oftmals lediglich unseren Überfluss mit anderen teilen. Sie setzten sich damals mit ganzem Herzen für die Sache Gottes ein, denn der Kirchgang war für sie vornehme Pflicht und entsprach zugleich auch einem tiefen, inneren Bedürfnis. Was so teuer erkämpft worden war, lässt man nicht so leicht fahren.

Der Tourismus, von dem heute im Tal direkt oder indirekt alle profitieren, brachte nicht nur finanziellen Gewinn und das Ende der Armut für vorwiegend bergbäuerliche Familien. Wie zu erwarten war, öffnete sich das Tal den mannigfachen Einflüssen der weiten Welt, zum Guten und manchmal auch weniger Guten. Mit der Zunahme der Bevölkerung und auch im Zusammenhang mit vorübergehenden Notsituationen in der reformierten Kirche kamen im Laufe der Jahre einige Freikirchen dazu. Jede sah gewisse Schwerpunkte in ihren Zielen. Jede wusste sich aber auch dem Wort Gottes, der Bibel verpflichtet. Selbst auferlegte strenge Vorschriften Einzelner entsprachen dabei nicht immer dem biblischen Verständnis und waren persönlich zu verantworten. Charakteristisch für das Engstligental und kaum erwähnt wird jedoch die Tatsache, dass sich im Laufe der Jahrzehnte eine beträchtliche Anzahl von Mitarbeitern aus allen Kirchen und Gemeinden für einen vollzeitlichen Christlichen Dienst im In- und Ausland zur Verfügung gestellt haben. Allein aus dem Korps der Heilsarmee waren das in Adelboden rund 35 Personen, von denen sechzehn heute noch in einem aktiven Dienst stehen. Peter und ich waren also weitaus nicht die einzigen, die sich für einen solchen Schritt entschieden hatten. Ungeachtet der Liebe zum eigenen Tal ließen sich diese Christen nicht nur in der Schweiz, sondern über die ganze Welt verteilt einsetzen – und das oft unter schwierigsten, zum Teil lebensbedrohenden Umständen. Weder Streben nach Gewinn noch nach eigenem Ruhm ließ sie diese Opfer auf sich nehmen, sondern allein die Liebe und der Gehorsam zu Christus, ihrem Herrn. Von daher ist es auch nicht verwunderlich, dass man heute an vielen Orten dieser Welt Spuren aus Adelboden und dem Engstligental findet. Als mir einmal jemand entgegenhielt, es handle sich bei solchen Entscheidungen manchmal doch nur um ein Strohfeuer, antwortete ich: „Und wenn es bei mir so wäre, hätte Gott genug Stroh, um dieses Feuer ein Leben lang zu erhalten". Bis heute hielt er mein Feuer am Brennen – und das vieler anderer auch.

Heutzutage haben sich das Zusammenleben und die Zusammenarbeit aller Kirchen und Gemeinden in Adelboden spürbar verbessert. Man versteht sich nicht als Konkurrenz, sondern vielmehr als Ergänzung. Das kirchliche Leben in Adelboden vergleiche ich gerne mit einer bunt gemischten Bergwiese. Aus dieser Vielfalt lässt sich ein farbenprächtiger Blumenstrauß zur Freude aller zusammenbinden. Dies bestätigte sich im Jahr 2009, als Adelboden sein 600. Jubiläum feierte. Ein 150-köpfiger Chor aus Mitgliedern der Landeskirche, der Freien Missionsgemeinde, der Gemeinde für Christus, der Methodistenkirche, der Pfingstgemeinde und der Heilsarmee bereicherten mit ihren anspruchsvollen und ansprechenden Liedern den Gottesdienst am Sonntagmorgen. Dazu kamen noch gut siebzig Bläser der vereinigten Brassband aus Dorf und Tal mit ihren wohlklingenden Kompositionen. Das für diesen Anlass extra aufgestellte Zelt konnte bei Weitem nicht alle Zuhörer aufnehmen. Bei schönstem Wetter verfolgten noch viele draußen vor dem Zelt die Darbietungen. Der Gemeindepräsident sagte später, dies sei die am besten besuchte Veranstaltung während des Jubiläumswochenendes gewesen.

Die Meinungen über Gott, Religion oder Glauben mögen geteilt sein. Wir machen ja auch durchaus sehr unterschiedliche Erfahrungen mit Glaubenden. Was den christlichen Glauben betrifft, gibt es in der Nachfolge Jesu erfreuliche Originale, die zwar nicht vollkommen sind, aber mit Gottes Hilfe versuchen, ein echtes Christsein zu leben. Sie möchten so handeln und lieben, wie Jesus es vorgegeben hat. Das macht sie in vielen Bereichen zu gefragten Mitarbeitern und Kollegen. Leider trifft man auch immer wieder auf schlechte, unleserliche Kopien Jesu, doch ein christlicher Anstrich allein genügt nicht. Das Herz muss ganz Christus gehören.

Da wo sich Leute an die Aufforderung der Bibel halten, das Beste für die Stadt zu suchen (Jeremia 29,7), für Staat und Obrigkeit zu beten (1. Timotheus 2,1f) und den anderen mit Liebe und Wertschätzung zu begegnen (1. Petrus 2,13ff), wird ein Dorf und ein Tal Gutes erfahren. Da gehören kreative Kinder- und Jugendgruppen ebenso dazu wie das Engagement für Einsame, Kranke, Suchtgefährdete oder Menschen in besonderen Notlagen. Da beten Christen für die alltägliche Arbeit in den Behörden und Ämtern ebenso wie für ein gutes Gelingen von Großereignissen wie dem jährlichen Weltcup, zu dem bis zu 40 000 Zuschauer in unser Tal kommen. All diese Fürsorge trägt – oft von der großen Öffentlichkeit unbemerkt – dazu bei, dass Adelboden immer noch unbedingt einen Besuch wert ist! Das friedliche Zusammenleben von Jung und Alt, Akademikern und einfachen Bauern, Sportlern und gemütlichen Genießern, Frommen und weniger Frommen ergibt eine einzigartige Mischung in einer reizvollen Landschaft.

Kreuz Sillerenbühl

Von der Aktiengesellschaft der Bergbahnen wurde ich gebeten, die Skipiste, die über unser Land führt, ins Grundbuch eintragen zu lassen. Ein Vertreter kam vorbei, um anhand eines Planes meine Einwilligung und meine Unterschrift dafür einzuholen. Da mir das Land meiner Eltern vererbt wurde, war ich hier gefragt. Ich bat den Mann herein in unsere Stube und ließ ihn Platz nehmen. Bei diesem Gespräch ergab sich für mich ein günstiger Augenblick, um Näheres über das Kreuz auf Sillerenbühl, der Endstation der Gondelbahn, zu erfahren. Dieses Symbol des Christentums war drei Jahre zuvor an dem einmaligen Aussichtspunkt von einem Gönner gespendet und von Vertretern der Evangelischen Allianz eingeweiht und seiner Bestimmung übergeben worden. Nun war mir aber ein Gerücht zu Ohren gekommen, das mich beunruhigte. Dem wollte ich nun nachgehen.

„Ich habe gehört", fing ich zögernd an, „dass das Kreuz auf Sillerenbühl beseitigt werden soll?" Der Mann wurde etwas verlegen, beteuerte mir aber, dass ihn persönlich dieses Kreuz absolut nicht störe. Dann führte er weiter aus: „Leider ist es aber so, dass es Menschen gibt, die dieses Kreuz als störend empfinden." „Ich weiß zwar nichts Genaues über die Hintergründe, aber das darf doch nicht euer Ernst sein!", war meine

Reaktion. Dann wurde ich konkreter: „Eines müsst ihr wissen: Es gibt hier zwar keinen direkten Zusammenhang, aber wenn dieses Kreuz weichen muss, werde ich meine Unterschrift für euer Anliegen nicht geben." Nun erfuhr ich, dass tatsächlich geplant war, das mehr als fünf Meter hohe Holzkreuz zu entfernen. Ich beharrte auf meiner Forderung. Der Mann in meiner Stube wurde unsicher: „Ich kann nicht garantieren, dass es noch steht. Eigentlich war das Wegräumen für gestern Abend geplant." „Heute Morgen war es noch an seinem Platz", wandte ich ein, „mit meinem Fernglas konnte ich es von hier aus erkennen." Der Mann versprach mir, mein Anliegen sofort weiterzuleiten. Lange Zeit hörte ich nichts mehr. Dann kam die Entwarnung: „Das Kreuz auf Sillerenbühl darf seinen Standort behalten." Dieses positive Zeichen freute nicht nur mich selbst. Ich freute mich auch für viele Menschen im ganzen Tal.

Das Kreuz auf Sillerenbühl im Winter

12. Schon wieder das Albristhorn

Damals war es für uns ein ganz besonderes Erlebnis, eine Abschiedstour von Adelboden. Jetzt waren wir wieder zurück – allerdings 50 Jahre älter. Trotzdem hatten wir uns fest vorgenommen, diese anspruchsvolle Bergwanderung zum 50. Jubiläum im Sommer 2010 zu wiederholen. Zwar waren wir auch in den Jahren dazwischen öfters einmal auf das Albristhorn gestiegen, doch unsere „äußeren Umstände" hatten sich in den letzten Jahren deutlich verändert. Schon lange im Voraus berieten wir uns über das Vorhaben. Vor allem ich meldete meine Bedenken an. Würde ich es heute nochmals schaffen? Schön wäre es bestimmt und für Peter würde der steile Aufstieg über 1300 Meter ein Leichtes sein, aber für mich? Ich wollte es gerne versuchen und gab die Hoffnung nicht auf.

Wir einigten uns auf ein bestimmtes Datum, den 14. Juli – vorausgesetzt das Wetter würde mitmachen. Abends zuvor war ich schon beizeiten im Bett, denn vor fünf Uhr in der Früh sollte der Aufstieg beginnen. Eine sternklare Nacht neigte sich dem Ende zu, als wir morgens losmarschierten. Wir waren optimal ausgerüstet, was Wanderschuhe, Kleidung und Ausrüstung betraf. Vor 50 Jahren wusste ich noch nichts von einer Bergwanderhose. Ein Rock musste genügen. Jetzt aber bewegte ich mich frei und bequem über Stock und Stein, konnte mich hinsetzen wo ich wollte, ohne meine Beine verrenken zu müssen. Auch die Wanderstöcke erwiesen sich als hilfreich. Anfänglich war ich dieser Neuerung gegenüber eher skeptisch gewesen, dann aber lernte ich sie schätzen.

Wie einst hatte ich auch diesmal einen zuverlässigen Führer neben mir, zum Glück immer noch denselben. Er hatte sich in den vergangenen 50 Jahren bestens bewährt. Auch er hatte seine Durststrecken erlebt, während denen er sich auf mich verlassen konnte; auch in stürmischen Zeiten mit wenig oder gar keiner Sicht auf den Weg vor uns. Wir wussten inzwischen ganz genau, wer da neben dem andern einherging. Damals, als wir noch jung verliebt waren, mussten wir da eher ein wenig vorsichtig unsere Fühler ausstrecken, weil wir uns noch nicht so ganz sicher waren, wie der andere dachte und in welcher Richtung seine Empfindungen gingen. Diese Liebe hatte ihre Feuerprobe bestanden, war tiefer und verbindlicher geworden. Peter wusste, dass er nicht sein gewohntes Tempo einschlagen konnte. Er passte sich meinem Schritt an. Meine Stöcke gaben mir Halt, halfen mir auf unebenen Wegen das Gleichgewicht zu halten. Wie schon auf allen meinen Bergtouren rief ich mir in Erinnerung: Immer nur einen Schritt vor den anderen setzen und jeder Schritt bringt mich dem Ziel näher!

In Gedanken versunken

Die Sonne schlug golden an auf dem Grat des Albristhorns und kletterte nur allzu rasch die Flühe herunter. Ich war froh, zunächst noch im Schatten aufwärts steigen zu dürfen. Auch gönnte ich mir öfters eine kurze Pause zum Verschnaufen, und um die mir bestens bekannte Landschaft auf mich einwirken zu lassen. Am Wegrand gab es so manches kleine Wunder zu bestaunen. Es war einfach schön, den Lebensabend in der alten, vertrauten Heimat verbringen zu dürfen. Sie war immer noch felsig, immer noch karg, aber auch immer noch hoffnungsgrün. Ich fragte mich, warum gerade diese Art Natur unwiderstehlich war für mich. Das mag mit meiner Jugend zu tun haben, in der wir uns als Familie durchzukämpfen hatten, besonders was unsere finanzielle Situation betraf. Nichts war selbstverständlich. Wir gingen mit allem sehr sparsam und sorgfältig um und freuten uns kindlich an ganz kleinen Überraschungen. Diese Art möchte ich beibehalten, mich nicht übersättigen und auch nicht abstumpfen lassen. Schon immer hatte ich etwas Mühe mit Menschen, die durch ihren Reichtum gleichgültig geworden waren. Ich will mich weiterhin dankbar den Herausforderungen des täglichen Lebens stellen und mir an dem genügen lassen, was ich habe.

In Gedanken schweifte ich Jahrzehnte zurück. Mein Leben hätte nicht bunter sein können. Wie es aber zum Leben gehört, gab es nicht nur Sonnseiten. Da waren auch Stolpersteine zu überwinden, gesundheitliche Probleme und familiäre Schwierigkeiten durchzustehen. Auch der Dienst für Gott brachte nicht nur heitere Stunden. Da gab es Niederlagen zu verkraften und wir mussten mit Enttäuschungen fertig werden. Doch in welchem Beruf bleibt das einem erspart? Als ich so höher hinauf stieg, spürte ich trotz allem ein tiefes Glücksgefühl in mir, denn ich durfte ja auch auf unzählige schöne, aufbauende Stunden zurückblicken. Ich erinnerte mich an Menschen, für die wir Wegweiser zu Jesus sein durften, deren Leben durch ihn verändert wurde. Ich musste es nicht bereuen, mein Leben in jungen Jahren einer höheren Macht anvertraut zu haben. Ja, ich hatte buchstäblich meine Unterschrift auf ein weißes Blatt gegeben mit der Bitte an Gott: Schreibe du die Geschichte meines Lebens. Ich gebe zu: das war ein gewagter Schritt. Er stellte vor allem meinen Glauben an Gott auf die Probe. Doch es hatte mich schon immer gereizt, „ganze Sache" zu machen, und ich traute meinem Gott diesbezüglich alles zu. So ergab sich eine ideale Kombination, wobei mein Teil, mein Bemühen lediglich die Antwort auf Gottes grenzenlose Liebe und seine unwandelbare Treue zu mir war. Ein besseres Abkommen hätte es wohl damals nicht geben können. Gott blieb sich treu und ich kann nur „danke" sagen. Kürzlich stieß ich auf den Satz: Ein dankbarer Mensch ist auch ein zufriedener. Genau das habe ich erlebt.

Ziel in Sicht

Inzwischen kämpften wir uns längst in der prallen Sonne aufwärts. Schweißtropfen perlten an meiner Stirn herunter und hinterließen ihre Spuren auf den Steinen. Aus der Ferne stiegen immer mehr Berge auf. Wir hatten beträchtlich an Höhe gewonnen. Es war mir klar, wir würden unser Ziel nicht in drei Stunden erreichen wie damals. Immer wieder musste ich einen kurzen Zwischenhalt einschalten, um tief Durchzuatmen und mich an der Bergwelt zu ergötzen. Wir hatten Schneereste zu umgehen, den zum Teil verschütteten Weg zu suchen, aber das Ziel rückte immer näher. Aus den einstigen drei Stunden wurden vier, also fünf Minuten Zuschlag pro hundert Meter Höhendifferenz. Doch was zählte war ja nicht die Zeit, die wir benötigten, sondern das Erreichen des Zieles. Dann konnte ich es kaum fassen und war überglücklich, angekommen zu sein. Außer uns hatten noch andere Bergkraxler den Aufstieg geschafft. Ein plötzlicher Windstoß riss mir die Kopfbedeckung weg und trug sie hoch in den Lüften auf ein weit unter uns liegendes Schneefeld. Die Gämsen, die sich dort unten auf dem Firn abkühlten, konnten sicher nicht viel anfangen mit diesem Flugobjekt.

Fast hätten wir unsere Umarmung vergessen, so sehr waren wir damit beschäftigt, das Gleichgewicht zu halten. Wir wollten ja nicht wie die Mütze gleich fortgeblasen werden. Zu ein paar herzhaften Küssen kam es aber trotzdem. Dann suchten wir nach dem Gipfelbuch, das unterhalb des hölzernen Kreuzes sicher zwischen den Steinen steckte. Wie viele Bände davon waren wohl in den letzten fünfzig Jahren vollgeschrieben und ausgetauscht worden? Nach einstiger Tradition machten wir unsere Eintragungen:

Ich hebe meine Augen auf zu den Bergen: Woher kommt mir Hilfe? Meine Hilfe kommt vom Herrn, der Himmel und Erde gemacht hat. Psalm 121,1–2. 50-Jahr-Jubiläum Hildi und Peter Hari-Wäfler, 14. Juli 2010

Auf dem Gipfel des Albristhorns

Der heftige Wind zwang uns, nicht allzu lange zu verweilen, sondern schon bald den Rückweg anzutreten. Noch schnell ein Erinnerungsbild, das für uns eine hilfsbereite leichtfüßige Bergsteigerin knipste. Dann letzte dankbare Blicke ringsum auf weit entfernte und nah gelegene Berge und Täler und schon ging es wieder hinab. Wir verzichteten auf die lange Gratwanderung über Lavey und entschieden uns für den kürzeren, aber umso mühsameren und steileren Abstieg. Die schmerzenden Knie am nächsten Tag erinnerten uns deutlich an diese Etappe. Das Ganze hatte sich aber hundertfach gelohnt.

13. Engstligenalp

Der mächtige Wildstrubel erhebt sich über der Engstligenalp

Die Engstligenalp besitzt eine ganz eigene Anziehungskraft für uns. Einige Male im Jahr sind wir dort oben anzutreffen, um etwas Abstand vom Alltag zu nehmen. Vor uns ragt dort der Wildstrubel als Adelbodens Markenzeichen imposant und beeindruckend empor. Die Alphütten und Viehherden sind über die ganze Ebene verteilt. Etliche Wanderwege winden sich mitten durch die blumigen Alpwiesen. Seit wenigen Jahren führt ein spezieller, abwechslungsreicher Weg über Bäche und Wiesen über das topfebene Plateau, der auch mit Rollstühlen und Kinderwagen bequem befahren werden kann. Hier oben findet jeder etwas nach seinem Geschmack und Anspruch, ob man es nun eher bequemer mag oder herausfordernder. Im Winter gilt dieser Talkessel auf 200 Meter Höhe als schneesichere Gegend für Skisport oder Schneeschuhwanderungen. Im Frühjahr und Sommer beginnt man auf der Engstligenalp den Aufstieg zu höher gelegenen Zielen oder man trifft sich mit Freunden – zum Beispiel bei einem der sonntäglichen Berggottesdienste. Wenn es sich gerade trifft, sind unsere Jüngsten mit dabei. Allerdings ziehen sie es meist vor, mit dem Vater oder Großvater auf dem „Chälligang", dem Klettersteig nahe des Wasserfalls, die 600 Meter zur Alp hinaufzusteigen. Hier lassen sich großartige Erinnerungsbilder schießen und wer Glück hat, begegnet unterwegs einem Edelweiß. Bei den Jüngsten war anfänglich etwas Skepsis bei diesem Aufstieg zu spüren, aber Dank „Gstältli", Helm und Seil fühlen sie sich unter der sicheren Leitung ihres vorsichtigen Führers geborgen.

Eine Attraktion für Auswärtige bildet der Alpaufzug. In Scharen reisen sie in aller Frühe an, um die Kühe beim Aufstieg durch Felsen und Wasserfälle zu beobachten. Viele tun dies von der Seilbahn aus. Mit bloßem Auge oder mit Fotoapparat und Fernglas ausgerüstet verfolgen sie das Treiben in den Felsen. Oben angekommen winkt dann in einem der beiden Berghotels ein reichhaltiges, herrliches Älplerfrühstück.

Unser Sohn Thomas mit seiner Nichte Talitha im Klettersteig

Ein bewegendes Erlebnis

Kein Wunder, dass diese Alp bei uns Erinnerungen an frühere Zeiten und Erlebnisse weckt. Sie ist uns nicht nur aus Kindheitstagen her vertraut, hier haben wir auch zweimal während unserer Dienstzeit Wanderlager durchgeführt. Dabei fällt mir ein ganz spezielles Erlebnis ein.

Peter und ich waren mitverantwortlich für das Wanderlager im Berghotel auf der Engstligenalp. Unsere Gruppe bestand aus etwa vierzig Personen, von Kindern bis zu Erwachsenen. Diese Wanderwochen fanden jährlich an einem anderen Ort in den Schweizer Bergen statt und ausnahmsweise auch einmal in Tirol und einmal in Norditalien. Von unserem Hotel aus unternahmen wir in diesen Tagen verschiedene Wandertouren. Von jedem Schwierigkeitsgrad war etwas dabei.

Am letzten Tag waren zwei Gruppen unterwegs. Eine Gruppe unternahm eine etwas gemächlichere Wanderung zum Chindbettipass, bei der eine längere Pause am Tossenseeli vorgesehen war. Die anderen waren zu einer Klettertour ins Lohnergebiet aufgebrochen. Beiden Gruppen war es vergönnt, Wildtiere zu beobachten, denn vor Jahren wurde in diesem Gebiet wieder Steinwild ausgesetzt. Es vermehrte sich erstaunlich rasch. Heute ist es nicht selten in Rudeln anzutreffen. Die Murmeltiere meldeten ihre Anwesenheit mit durchdringenden Pfiffen. Sie alarmierten dadurch ihre Sippe. Der Bergfrühling schien auf dieser Höhe erst jetzt richtig Einzug zu halten. Eine Vielfalt von Farben und Düften erfreute Herz und Sinne. Doch plötzlich brauten sich dunkle Wolken zusammen. Wir mussten mit einem drohenden Gewitter rechnen und unsere Wandergruppe entschloss sich zur Heimkehr. So erreichten wir das Hotel früher als sonst üblich. Was aber war mit der Gruppe vom Großlohner? Als gegen fünf Uhr ein heftiges Gewitter mit starkem Regen über die Ebene fegte und es im Talkessel der Engstligen zu rumoren begann, machten wir uns mehr und mehr Sorgen um unsere Bergkameraden auf dem Rückweg vom Mittaghorn. Der Lohnerweg führte sie über steile, abschüssige Gräben, die bei Gewittern rasch anschwollen, glitschig und unpassierbar wurden. Mit Erleichterung stellten wir fest, dass das schwere Gewitter noch nicht seinen gewohnten Weg an den Lohnerhängen entlang zog. Es drehte sich während einer Stunde auf der Vorderen Alp im Kreis herum. Endlich, es war gegen halb sieben, erschien die elfköpfige Gruppe auf dem Grat von Hinterengstligen. Alle, besonders die Ehefrauen und Mütter, atmeten erleichtert auf. Kaum waren die Bergsteiger da, völlig durchnässt unter dem schützenden Dach des Hotels, tobte sich das Gewitter im Kessel des Hinterbergs aus. Also genau dort, wo sie hergekommen waren. Wir vernahmen auch, dass die Gruppe wegen eines leicht Verletzten, den sie verarzten mussten und der nur noch mühsam vorwärts kam, Verspätung hatte. Und doch schafften sie zur rechten Zeit das letzte Wegstück, bevor das Unwetter jedes Vorwärtskommen über die vielen Gräben unmöglich gemacht hätte.

Ein Rauschen und Rumpeln drang aus dem Ärtelengraben bis zur oberen Seilbahnstation herauf. Es dauerte nicht lange, bis der sonst so zahme Bach zu einem reißenden Strom anschwoll und bereits gegen die Talstation und die dort parkenden Autos flutete. Unsere abendlichen Loblieder stiegen an diesem Abend noch bewusster, dankbarer und überzeugter zum Himmel. Wir durften vollzählig und wohlbehalten beieinander sein. Das konnten wir uns nicht anders erklären, als dass eine unsichtbare Hand, die Hand unseres Gottes selbst, am späten Nachmittag die Naturgewalten in Schach gehalten hatte.

Als wir am nächsten Tag, einem Samstag, unsere Autos für die Heimfahrt aufsuchten, standen sie glücklicherweise noch da, doch einige waren von den Wassermassen etwas angehoben und zueinander geschwemmt worden. Bei unserem Auto war das Wasser bis zur Türschwelle gestiegen und der Schlamm in die Bremsen eingedrungen. Es knirschte von Steinchen, aber all das war nur eine materielle Angelegenheit und konnte behoben werden.

Wanderlager international

Eine andere Bergwanderfreizeit führten wir einmal in Leysin in den Waadtländer Alpen durch. Einer der Ausflüge in dieser Woche ist mir noch besonders gut in Erinnerung.

An einem freundlichen, milden Abend entfachten wir auf der Anhöhe über Leysin ein Lagerfeuer und genossen ein gemütliches Beisammensein. Die Bergtüchtigsten unserer Gruppe waren bereits zum Übernachten zur Hütte *Cabane du Salanfe* aufgestiegen. Sie wollten am nächsten Tag schon in der Frühe den *Les Dents du Midi* besteigen. Mit den Ältesten, den ganz Jungen und den etwas gemütlicheren Teilnehmern unter uns gestalteten wir den Abend rund um dieses Feuer. Da war bereits eine internationale Gruppe von Kindern eines Projekts des Unicef Kinderhilfswerkes in der Nähe. Sie hielten sich eine längere Zeit in Leysin auf und ließen sich wie wir von der milden Abendstimmung ins Freie locken. Als unsere Gruppe zum Klang der Gitarre zu singen anfing, näherte sich uns, zuerst etwas zögernd, dann immer beherzter, ein großer Teil dieser Kinder. Beim Singen ging es zunächst um mehr oder weniger bekannte Heimatlieder auf Deutsch und Französisch, dann auch um Lieder mit religiösem Inhalt. Die Kinder versuchten mitzumachen. Dann folgte ein Chorus, der in verschiedenen Sprachen gesungen werden kann. Auf Deutsch lautet der

Text: Hallelu-, Hallelu-, Hallelu-, Halleluja, preiset den Herrn! Preiset den Herrn, Halleluja! Preiset den Herrn! Während das „Halleluja" stets gleich bleibt, verändern sich jeweils die übrigen Worte gemäß der verschiedenen Sprachen. So sangen wir diesen Chorus auf Deutsch, Französisch, Italienisch, Englisch, Lingala, Finnisch, Spanisch, Russisch … Hier sprang ein etwa neunjähriger Junge ganz aufgeregt auf die Beine, machte einige Luftsprünge, fuchtelte mit seinen Armen in der Luft herum und rief begeistert aus: „C'est du Russe, du vrai Russe" – das ist ja Russisch, echtes Russisch! Eine größere Freude als mit diesen drei Worten in seiner Muttersprache hätten wir ihm wohl kaum machen können. Ihm zuliebe wiederholten wir den Reim noch einige Male. Wir waren jedoch froh, dass der Bub unsere Russischkenntnisse nicht weiter in Anspruch nehmen wollte.

14. Die zweite Berufung

Wer hätte gedacht, dass ich mich mit fortgeschrittenen Jahren noch einmal aufs Glatteis wagen würde? Da war wohl immer noch ein bisschen Abenteuerlust in meinen Adern wie damals, als ich mich mit gut achtzehn Jahren auf den Weg nach England machte. Nur handelte es sich diesmal weder um eine Reise noch um glatte, vereiste Wege. Auch hatte ich das Neue nicht groß geplant, es schien sich einfach so anzubahnen. Ohne, dass ich mir dessen richtig bewusst war, steckte ich mitten drin und ging mutig, vielleicht auch allzu sorglos darauf zu.

Am Anfang stand eine Radiosendung. Dazu hatte ich vor vielen Jahren verschiedene Beiträge an den Evangeliums-Rundfunk (ERF) in Wetzlar geschickt. Das waren einerseits Predigten, andererseits Berichte über Erlebnisse mit Gott im Alltag, konkret von Peters Geschichte mit seinen Augen. Nach der Prüfung und Bearbeitung der Texte durch die erfahrenen Redakteure erfolgten die Aufnahmen jeweils im Schweizer Studio des Evangeliums-Rundfunks in Pfäffikon am Zürichsee.

Für die Aufnahmen hatte ich mich pünktlich einzufinden. Einmal stand in Zürich der Zug schon bereit, der mich an meinen Bestimmungsort bringen sollte. Ich stieg ein und befand mich allein im Abteil. Bevor ich mich erkundigen konnte, setzte sich der Zug in Bewegung. Zu meinem Erstaunen nur gerade eine kurze Strecke auf ein Nebengleis außerhalb des Bahnhofs. Da saß ich nun fest und hatte keine Ahnung, wie ich zurückkommen könnte. Ein hilfsbereiter Bahnangestellter sorgte dafür, dass ich über eine steile, fast senkrechte Eisentreppe in den Führerstand einer Lokomotive gelangen konnte. Ohne lange zu fragen nahm mich der Lokomotivführer mit in den Bahnhof zurück. Das war wohl das erste und auch einzige Mal, dass ich die Ehre hatte, vorne im Führerstand mitzufahren mit absolut freier Sicht auf die Strecke vor mir. Ein einzigartiges Erlebnis. Nur schade, dass es nicht länger dauerte! Dafür erwischte ich, als ich endlich wieder im Bahnhof ankam, gerade noch den Anschlusszug nach Pfäffikon.

Einmal musste meine abgelieferte Arbeit empfindlich gekürzt werden, weil sie viel zu lang für die vorgesehene Sendezeit war. Da ließ mir Jürgen Werth, der spätere Vorsitzende des ERF Wetzlar, durch seine Sekretärin ausrichten – vielleicht um mich etwas zu trösten –, er könne sich durchaus vorstellen, dass ich einmal eine Autobiografie verfassen würde. Das verwunderte und freute mich zugleich. Er traute mir also so etwas zu. In meiner Aktivzeit als Heilsarmee-Offizierin wäre für mich ein solches Vorhaben aus Zeitgründen aber nie möglich gewesen. Also verschwand der Gedanke sehr bald ins Unterbewusstsein und schlummerte dort 25 Jahre vor sich hin. Als dann aber unsere aktive Dienstzeit zu Ende ging und wir uns endgültig an einem Ort niedergelassen hatten, kamen langsam alle möglichen verschütteten Gedanken wieder an die Oberfläche. Unter anderem fiel mir der ermutigende Ausspruch von Jürgen Werth wieder ein. Ich erinnerte mich besonders an meine Kindheit. Ich hatte so viel Interessantes erlebt zur richtigen Zeit am richtigen Ort in einer besonderen Familie, dass sich daraus ganz bestimmt eine große Menge an Erzählstoff ergeben würde.

Wenn Worte wirken

Fortan ließ mich der Ausspruch von Jürgen Werth nicht mehr los. Und eines Tages fing ich einfach an, einige Begebenheiten aufzuschreiben. Schnell kamen weitere dazu und es wurden immer mehr. Mit dem, was ich früher schon einmal über meine Kindheit aufgeschrieben hatte, reichte es vielleicht schon bald für ein kleines Buch. Allerdings war ich als Buchautor ja eher wie ein „Esel am Berg". Ich hatte überhaupt keine Erfahrung in diesen Sachen und wusste nicht, wie ich vorgehen sollte und an wen ich mich wenden könnte. Da spielten so viele Faktoren zusammen.

Nach einigem Umhören fand sich ein Verlag in Bern, der bereit gewesen wäre, mein Manuskript zu drucken. Der Verleger schlug mir vor, Gönner für mein Projekt zu suchen – er wollte wohl bei einer Frau in meinem Alter, die ihr erstes Buch veröffentlichen möchte, kein Risiko eingehen.

Über unseren Schwiegersohn Uwe in Deutschland, der selbst Bücher veröffentlichte, ergab sich dann aber der Kontakt zum Neufeld Verlag in Schwarzenfeld. Eigentümlicher Weise waren wir schon Jahre zuvor der Familie Neufeld in Regensburg begegnet, als wir auf einer Reise nach Leipzig ihre Gastfreundschaft genießen durften. So wurden im Voraus Fäden gesponnen, ohne unser Dazutun.

Auch hier gab es natürlich einiges abzuklären. Zu meiner Erleichterung war jetzt nicht mehr die Rede davon, dass wir Sponsoren suchen müssten. Jedoch sollten wir uns verpflichten, eine gewisse Anzahl Bücher selbst zu vertreiben, und außerdem einen Vertriebspartner angeben, der mindestens 500 Stück abnehmen würde. Das war nicht ganz einfach, weil wir keinen Bezug zu einem solchen Unternehmen hatten. So galt es, alle Register zu ziehen, jeden Kontakt in der großen Verwandtschaft, im Freundeskreis und vor allem in den Heilsarmeegemeinden zu nutzen, mit denen wir in den letzten Jahren zusammengearbeitet hatten. Peter unterstützte mich tatkräftig und ein anderer Umstand kam uns noch zugute: das 600. Jubiläum von Adelboden. Mein Buch sollte ja auch davon berichten, wie sich aus dem kleinen, abgelegenen Bergdorf ein bedeutender, weltbekannter Kurort entwickelt hatte. Die Reaktionen waren für uns beide erstaunlich.

Schreiben allein genügt nicht

Weil wir keine andere Möglichkeit sahen, mussten wir das Buch zunächst allein vertreiben. Wir verpflichteten uns freiwillig, dem Verlag insgesamt 1000 Exemplare abzunehmen. Das war ein Wagnis und brachte uns schon ab und zu an unsere Grenzen. Ich erinnere mich, wie uns zumute war, als die erste Ladung eintreffen sollte. Wir erwarteten einen Lastwagen, der die Bücher von der Schweizer Grenze zu uns bringen sollte. Unser Haus ist nicht so leicht zu finden. So erhielten wir einen Handyanruf vom Fahrer, der bei einem Haus 200 Meter über uns stand. Die Hausnummer stimmte, nicht aber die Straße. Er wollte dort schon abladen, doch wir konnten ihn überreden, die Bücher zu uns herunter zu fahren. Wie hätten wir sonst diese Ladung bewältigen können? Als er bei uns eintraf, musste ich zuerst meinem Gott danken, dass alles so gut geklappt hatte. Es war ein ganz eigentümliches Gefühl, das eigene Buch in tausendfacher Ausführung ins Haus geliefert zu bekommen. Mit einem vielsagenden, fast mitleidigen Blick auf uns und die umfangreiche Ladung vor unserem kleinen Haus verabschiedete sich der Lieferant. Er hatte uns immerhin noch alles Gute gewünscht.

Ja, da standen nun an diesem Novembernachmittag etliche Holzpaletten mit unzähligen Bücherkartons. Wir schafften die ganze Bescherung notdürftig ins Haus und verstauten die Pakete überall wo Platz war: in der Garage, in der Wohnung, auf dem Estrich: Wo wir hinschauten lagerten Bücher, Bücher, überall nichts als Bücher.

Bereits eine Stunde später fuhr Peter mit der ersten Ladung los. Er bediente die Buchhandlung am Ort und etliche andere in der näheren Umgebung. Insgesamt waren so bereits über 200 Stück wieder weg. In den nächsten Tagen und Wochen mussten viele Bestellungen für den Versand fertiggestellt und zur Post gebracht, Rechnungen geschrieben und Buch geführt werden. So war unser kleines Haus vorübergehend zum Unternehmen geworden.

Zu unserer Freude war dann der Brunnen-Verlag in Basel bereit, „Felsig, karg und hoffnungsgrün" in das Sortiment der Verlags- und Versandbuchhandlung aufzunehmen. Uns fiel ein Stein vom Herzen, dass wir in unserem Land nicht mehr allein verantwortlich waren für den Absatz. Wir hatten uns mit unserem Projekt buchstäblich aufs Glatteis gewagt und waren glücklich, dass wir dabei nicht zu Schaden gekommen waren. Es hat auch in vorgerückten Jahren seinen Reiz, etwas zu wagen, allerdings gelingt so etwas nur, wenn man sich selbst rückhaltlos investiert.

Als wir sechs Wochen nach dem Erscheinen meines Buches über Weihnachten bei unserer Familie in Gera weilten, erreichte mich ein Telefonanruf unseres Verlegers David Neufeld: „Die Bücher sind alle weg, wir konnten nicht einmal die ganze Bestellung des Brunnen-Verlags ausführen. Soll ich eine zweite Auflage in Auftrag geben?" Meine Antwort kam ohne Zögern: „Ich glaube schon. Wir haben ja eben erst angefangen mit dem Vertrieb des Buches."

Immer noch Rutschgefahr

Als ob es nicht genug wäre mit all diesen Erlebnissen, sollte es zu einer Fortsetzung der Buchgeschichte kommen. Anfänglich antwortete ich auf die Frage nach einem zweiten Buch mit einem entschiedenen „nein". Immer wieder jedoch kam die gleiche Frage an mich heran: „Gibt es eine Fortsetzung? Das Leben hat ja nicht einfach aufgehört. Es ging weiter, vor allem, das Leben zu zweit." So ging ich noch einmal meine Erinnerungen durch und stellte fest, dass ich eigentlich meinem Gott Dank schuldete für sein wiederholtes Eingreifen in meinem und unserem Leben, für seine Führungen, seine unerschütterliche Treue. Je mehr ich über das Ganze nachdachte, umso weniger ließ mich die Sache los. Auch diesmal könnte ich auf so manche Notizen und Ereignisse zurückgreifen.

So begab ich mich wieder aufs Eis. Dazu kam, dass jetzt nicht nur ein Buch zu schreiben war und ein anderes zu verschicken. Es kamen auch Anfragen zu Buchvorstellungen und Lesungen. Gerne folgte ich mit Peters Begleitung diesen Einladungen. Ohne ihn wäre mir dies oftmals gar nicht möglich gewesen, denn über längere Zeit plagten mich Entzündungen, denen nur mit Antibiotika beizukommen war. Doch mit Gottes Unterstützung musste ich kein einziges Mal einen Termin absagen. Peter übernahm immer auch einen Teil der Veranstaltung, sei es durch Sologesänge, kurze gedankliche Beiträge oder Bildprojektionen. Zuerst waren wir nur in unserer näheren Umgebung unterwegs, dann aber bis Thun, Bern, Zürich, Winterthur, Aarau und Basel. Am Ende waren es insgesamt mehr als 40 Veranstaltungen, die wir durchführen durften.

Ermutigende Echos

Neue Kontakte entstanden auch durch Briefwechsel, Einladungen zum Essen, Telefongespräche, übers Internet oder durch Besuche bei uns hier. Zweimal kam ein Pfarrerehepaar aus Deutschland bei uns vorbei und wollte sehen, wo und wie wir wohnen. Die eine Frau war fast ein wenig enttäuscht, dass die Idylle von früher mit Kochen im Freien und Schlafen im Stall leider nicht mehr existierte. Es kam aber beide Male zu einem regen Austausch über den Dienst am gleichen Gott, der uns verband.

Auch das zweite Buch glich in seiner Entstehung und Veröffentlichung fast einer Schwangerschaft und Geburt, wenngleich natürlich die körperlichen Schmerzen fehlten. Doch hat sich die Mühe gelohnt. Reaktionen wie die Folgenden waren dabei für mich echte Höhepunkte. Da schrieb mir meine damals 19-jährige Enkelin: „Übrigens Grosi, ich bin gerade dabei, dein Buch zu lesen und ich muss sagen, dass es mir sehr gut gefällt. Spannend was du und ihr alles erlebt habt, es beeindruckt mich sehr. Die Fotos im Buch sind auch super." Eine mir unbekannte junge Frau aus Aarau schrieb: „Grüezi Frau Hari, in den Weihnachtsferien durfte ich ihre beiden Bücher lesen. Sie haben mich in einer Situation, in der ich intensiv herausgefordert wurde auszuharren, durchzuhalten und auf Gottes Hilfe zu vertrauen, sehr ermutigt. Vielen Dank dafür. Sie sind mir mit ihrer Treue und Hingabe ein großes Vorbild." Ein Kunstmaler schrieb: „Ich habe das Buch in einem Zug auf der Insel Malta durchgelesen. Wunderbar!" Jemand anderer schrieb: „Da ich ein großer Freund der Heilsarmee bin, freue ich mich immer wie Gott dieses wunderbare Werk segnet und weltweit zum Segen setzt." Eine Freundin aus Kindheitstagen schrieb: „Dein Buch ist wunderbar zu lesen. Wie beim ersten habe ich jedem unserer drei Kinder eines zu Weihnachten geschenkt. Und die haben sich mit viel Freude und Interesse bedankt."

Fortsetzung folgt?

Und dann stand plötzlich die Frage nach einem dritten Buch im Raum. Ich war recht skeptisch, denn ich sah den großen Aufwand, den das mit sich bringen würde. Eigentlich hätte ich doch jetzt das Recht, mich zurückzulehnen und mir einige persönliche Wünsche zu erfüllen. Mir fielen etliche Einwände ein, doch gleichzeitig war ich mir bewusst, dass so etwas wie „Der Kreis schließt sich", noch zu den bisherigen Veröffentlichungen gehört hätte. Im Juli 2013 erhielt ich dann eine eindeutige Antwort. Sie kam aus der Bibel: „Wenn ihr für ihn

(Jesus) lebt und das Reich Gottes zu eurem wichtigsten Anliegen macht, wird er euch jeden Tag geben, was ihr braucht" (Matthäusevangelium 6,33; NLB) Was hatte ich dagegen noch einzuwenden? Ich musste ja keine Kraftreserven für die Zukunft anlegen. Ausreichend versorgt zu sein für den heutigen Tag würde vollends genügen. Im Vertrauen auf Gottes Zusagen setzte ich mich noch einmal an den Computer und das Resultat halten Sie gerade in der Hand.

Das Schöne an der Sache ist, dass unsere eigenen Wünsche nicht zu kurz kamen. Fast „per Zufall" kamen wir in Kontakt mit einem nordamerikanischen Ehepaar, das uns spontan in ihr Haus in der Nähe von Washington einlud, uns viele Sehenswürdigkeiten zeigte und mit der amerikanischen Geschichte bekannt machte. Es war eine wundervolle Zeit, eine willkommene Pause. Ganz unverhofft erfüllte sich damit für uns ein geheimer Wunsch, einmal den Ozean überqueren zu dürfen und das Leben auf der anderen Seite kennen zu lernen. So hat uns Gott sogar mehr gegeben, als wir brauchten – sozusagen ein Sahnehäubchen obendrauf!

Vor dem Capitol in Washington DC

15. Wenn die Ehe glitzert

Ins Jahr 2012 fiel das Jubiläum unserer goldenen Hochzeit. Ganze 50 Jahre würden hinter uns liegen, seitdem wir uns am 24. November 1962 das Jawort gegeben hatten. Schon geraume Zeit vorher fragten wir uns: Wie sollten wir dieses Fest feiern, falls wir es miteinander erleben?

Erst einmal Silber

Als wir im Jahr 1987 unser 25. Ehejubiläum begingen, waren wir um einiges jünger und noch voll im Saft. Im Kreise der Kinder hatten wir ein gemütliches Beisammensein mit kulinarischen Leckerbissen geplant. Das war damals in Winterthur im Gebäude der Heilsarmee an der Neuwiesenstraße. Daniel, unser Ältester, war da bereits seit zwei Jahren mit Cornelia verheiratet und wohnte in Basel. Christine besuchte die Diplommittelschule und Thomas das Gymnasium. Beide waren noch in unsere Familie integriert.

Wir erwachten am Morgen des 24. November und fühlten uns wie auf „Wolke sieben". Das Schlafzimmer war prall gefüllt mit bunten, schwebenden Luftballons. Es wäre unmöglich gewesen, aus dem Bett zu steigen, ohne einige zum Platzen zu bringen. An der Türe waren die neugierigen Gesichter derer zu erkennen, die für diesen Spaß verantwortlich waren. Der war ihnen gelungen. Es wollte mir nicht in den Sinn, dass ich bei der nächtlichen Aktion und meinem sonst so leichten Schlaf nicht aufgewacht war. Sie mussten sehr geschickt und zu gut gewählter Stunde vorgegangen sein. Ja, das war eine feine Überraschung! Ein fröhlicher Auftakt zur silbernen Hochzeit.

Da wartete aber noch eine ganz andere Herausforderung auf uns, eine Suchaktion auf der Töss. In unserem eher altersschwachen, zitronengelben Gummiboot hatten wir im Fluss einen Schatz zu suchen. Dieser war anhand genauer geographischer Angaben aufzustöbern. Dazu waren einige Kenntnisse im Kartenlesen und auch im Rudern nötig. Schlussendlich gelang es uns in der Abenddämmerung, die im Fluss versenkte Flasche mit Inhalt zu heben. Das Ganze war jedenfalls sehr originell und sorgte für allgemeine Heiterkeit und gute Laune. Wir für unseren Teil hatten einige „Gutsch" Wasser abbekommen und waren froh, möglichst bald aus den nassen Kleidern zu kommen. In der Wärme zu Hause wurden dann noch allerlei gesangliche und musikalische Beiträge zum Besten gegeben. Die Kinder erinnerten sich auf humoristische Weise an Details aus unserer gemeinsamen Wegstrecke.

Dann Gold

Nun waren schon wieder 25 Jahre vergangen. Einiges hatte sich verändert, nicht nur unsere Haarfarbe. Cornelia, unsere Schwiegertochter, war leider nicht mehr unter uns, dafür ihre vier Kinder mit Vater Daniel. Christine befand sich mit ihrem Ehemann Uwe und ihren fünf Kindern in den Ferien bei uns. Und Thomas, der eine Ecuadorianerin mit zwei halbwüchsigen Jungen geheiratet hatte, aber zwischenzeitlich wieder alleine lebte, brachte neben seiner ehemaligen Frau Elisabeth auch Cristian, deren jüngsten Sohn samt dessen Freundin mit. Der ältere der beiden Brüder, Darwin, konnte aus beruflichen Gründen leider nicht anwesend sein. Insgesamt waren wir über zwanzig Personen.

Strahlendes Gold: das fröhliche Jubiläumspaar Hildi und Peter

Unsere Festgesellschaft

Da alle unsere Familienmitglieder so weit auseinander leben, hatten wir unser Fest kurzerhand um vier Monate auf die Sommerferien vorverlegt. Bei 50 Jahren würde diese minimale Verschiebung wohl kaum ins Gewicht fallen. Als Treffpunkt hatten wir das Hotel Meielisalp über dem Thunersee ausgewählt. Leider hatte Christines Familie in jener Woche mit einer hartnäckigen Magenverstimmung zu kämpfen. Jeden Tag lag wieder ein anderes Kind oder ein Erwachsener im Bett. Es dauerte aber nie lange, bis sie wieder auf den Beinen waren. In der Nacht vor dem ausgewählten Festtag war das Übel bei mir angekommen. Ich musste mich übergeben und fühlte mich nicht hundertprozentig in Form. Meine Devise war: mutig vorwärts, mir womöglich nichts anmerken lassen. Das gelang mir auch und so verlief der Tag insgesamt recht erträglich.

Am Morgen gab es allerhand Geheimniskrämerei. Die Vorhänge unserer Fenster wurden zugezogen. Mit verbundenen Augen wurden wir dann vors Haus geführt. Da war vorerst nur lautes Motorengeräusch vom Metrac, dem Traktor unseres Nachbarn zu hören. Er kam herangefahren mit seinen zwei kleinen Kindern. Unsere Gäste sangen zum Klang der Gitarre das Dialektlied „Luegit vo Bärge u Tal". Endlich durften wir wieder sehen und konnten nur staunen. Auf dem Gefährt stand eine wunderschöne stabile Ruhebank aus Holz. Darauf war eingraviert: *Zur Goldenen Hochzeit, Hildi + Peter, 2012.* Der Nachbar hatte die Bank im Auftrag unserer Kinder selbst angefertigt und die Inschrift einbrennen lassen. Das war eine gelungene Überraschung! Nach einem festlichen, liebevoll servierten Mittagessen standen verschiedene Beiträge von Kindern und Enkelkindern auf dem Programm. Christine sang mit ihren Kindern ein selbstgedichtetes Lied zur Gitarre, während dem uns lauter goldene Geschenklein überbracht wurden. Danach wurden noch weitere Klavier-, Flöten-, Gitarren- und Liedbeiträge dargeboten.

Geheimnisse lüften

Thomas hatte eigens ein Kreuzworträtsel für uns zusammengestellt. Zur Lösung benötigte man Wissen über unser Leben zu zweit. So lautete etwa eine Frage: In welcher Stadt hatten Hildi und Peter ihren heftigsten Streit?

Die Antwort war: Rom. Thomas konnte sich noch knapp daran erinnern. Er war damals noch ein kleiner Knirps und mit unserer Familie in Italien unterwegs. An einem Tag besichtigten wir Rom. *Einen* Tag zur Besichtigung von Rom. Da war ein Streit schon fast vorprogrammiert! Das Wetter war fast wolkenlos und sehr heiß. Wir besichtigten eine Vielzahl von Denkmälern, Bauten, Kirchen, Katakomben, durchquerten Straßen und Gässchen, liefen über Brücken, stiegen Treppen hoch und wieder runter. Meine Beine fühlten sich immer schwerer an und ich schleppte mich nur noch mühsam vorwärts. Nirgends bot sich ein Plätzchen zum Ausruhen an. Der Vorschlag, an den Fluss Tiber hinunterzugehen, schlug fehl, denn dieser Fluss glich eher einem ruhenden, stinkenden Tümpel als frischem, fließendem Wasser. So kehrten wir wieder um. Peter war unermüdlich. Auf seinem Programm standen noch etliche Punkte. Bei mir aber war das Fass zum Überlaufen voll. Da, ganz nah waren zwei, drei Bäume zu sehen, darunter einige Grasbüschel auf dürrem Boden und ringsum brauste und hupte der Stadtverkehr in allen Richtungen. Ich steuerte auf die kleine Oase zu, legte mich auf die wenigen grünen Büschel unter einen der Bäume und erklärte: „Ich gehe keinen Schritt mehr weiter. Ich mag einfach nicht mehr. Rom kann mir gestohlen bleiben!" Was tat der Rest der Familie? Sie setzten sich um mich herum, waren ratlos, versuchten zu vermitteln, suchten nach einer Lösung, wollten auf keinen Fall ohne Mutter weitergehen. Was dann im Einzelnen passierte, weiß ich gar nicht mehr genau. Es muss zu einer Einigung gekommen sein, denn wir befinden uns ja längst schon nicht mehr unter diesen Bäumen in Rom.

Eine andere Frage im Kreuzworträtsel lautete: Welches ist das Lieblingsbuch von beiden? Die Antwort war leichter: Die Bibel. Ich verschlinge gerne Bücher, die mich interessieren. Die Bibel ist aber *das* Buch, das mir Gewinn brachte wie kein anderes.

Irgendwann ging unser Fest auf dem schönen Aussichtspunkt über dem Thunersee zu Ende. Wir mussten uns wieder dem Alltag zuwenden und die nächste Eheetappe angehen. Das war jedoch kein Müssen. Es erfüllt uns beide mit großer Dankbarkeit, miteinander in die Zukunft gehen zu dürfen, was diese auch immer bringen mag.

Fünfzig Jahre – eine erstaunliche Zeit

„Was ist wohl das Geheimnis von gemeinsam durchlebten 50 Jahren?", so wurden wir ab und zu gefragt. Wir haben kein Patentrezept. Da gab es bestimmt einige Schwierigkeiten zu überwinden. Wir waren und sind immer noch keine vollkommenen Wesen, die kein Wässerchen trüben könnten. Dazu kommt, dass Peter und ich von Natur aus recht verschieden sind. In meinem Liebesbrief an Peter nach 38-jähriger Ehe ist etwas von dieser unterschiedlichen Veranlagung herauszuhören. Anfangs meinte ich oft, Peter auf mein Muster zuschneiden zu müssen, bis mir bewusst wurde, dass er ein eigenständiger Mensch ist, der seine persönlichen Vorlieben, Interessen und Eigenarten hat, die zu ihm gehören, die ich zu respektieren habe und die ihn einmalig machen. Genauso nimmt er mich, wie ich bin. Zu dieser Reife gelangt man nicht im Schnellverfahren. Das benötigt Zeit, vielleicht Jahre, und von beiden Seiten den festen Willen, dass man sich auf Veränderungen einlassen möchte.

Was haben wir in diesen 50 Jahren miteinander erlebt? Eigentlich alles. Da ist Platz für hunderte von Glücksmomenten: als erstes das Geschenk eines absolut vertrauenswürdigen, zuverlässigen Partners, den man von Herzen liebt. Dann das Glück, ein gesundes, neugeborenes Kind in den Armen zu halten, was absolut nicht selbstverständlich ist; ein Blick in das verträumte, schlummernde Gesichtchen entschädigt für alle Strapazen der Geburt. Dann ist da das Glück, Enkelkinder zu haben und ein fröhliches Miteinander als (Groß-)Familie genießen zu dürfen.

Dazu gehören aber auch die Zeiten der Trauer und des Abschiednehmens, die Teil des Lebens sind. Wie gut ist es, wenn man Trauer zulassen kann und sich und dem andern die nötige Zeit gewährt. Umso wertvoller werden die Tage, an denen dann das Lachen zurückkehrt und sein heilsames Werk vollbringt. Und schließlich kommt der Tag, an dem das Leben wieder einen normaleren Verlauf nimmt.

Zwischen all dem Erwähnten liegen für uns viele alltägliche Glückserlebnisse. Spontane Augenblicke bei einer Wanderung in der Natur – eine seltene, geschützte Pflanze, die unverhofft am Wegesrand auftaucht, ein Blumengruß in steiniger Wüste, wo niemand Vegetation erwartet hätte, ein prächtiger Sonnenauf- oder Untergang über den Berggipfeln oder dem Meer, im Spiel der wechselnden Farbnuancen, beim Anblick fantasievoller Wolkengebilde oder eines leuchtenden Regenbogens.

Mein Bruder Willi dichtete uns in Mundart unter anderem folgende Zeilen:

50 Jahre sind nicht einfach Nichts – nicht nur gerade
Vorgestern, Gestern oder Heute. Das bedeutet fünf

ganze Jahrzehnte aushalten, in denen ein Paar sein Eheversprechen oftmals einlösen kann, nämlich: Einander beizustehen in guten und in bösen Tagen ...

Lebenslange Freundschaft

Aus wahrer Freundschaft zwischen Mann und Frau kann die Liebe am Schönsten erblühen. Darum lohnt es sich, immer wieder einmal darüber nachzudenken, was wir von wir von einem echten Freund, einer wahren Freundin erwarten. Er oder Sie ...

... kann zuhören, ohne zu unterbrechen

... versucht sich in meine Situation zu versetzen

... lässt mir den nötigen Freiraum und will mich nicht in ein Schema pressen

... sagt mir in Liebe die Wahrheit, ohne mich mit Gewalt verändern zu wollen

... hat ein grenzenloses Vertrauen

... glaubt an das Gute, gibt die Hoffnung nie auf

... versteht Humor, kann herzlich lachen

... kann mit mir weinen, wenn ein Schmerz mich trifft

... nimmt mich an, wie ich bin, ohne mich dauernd zu kritisieren

... sieht mich nicht als Konkurrenten

... beharrt nicht nur stur auf seiner bzw. ihrer Ansicht, sondern lässt auch meine Meinung gelten

... ist nicht eifersüchtig, wenn ich gelobt werde

... kann auch einmal „nein" sagen und nicht nur „ja" zu meinen Schwächen

... lässt mich geborgen, mich selbst sein in seiner bzw. ihrer Nähe

... geht mit mir durch „dick und dünn"

… ist treu wie Gold und verschwiegen wie ein Grab

… kann zu mir sagen: „Es tut mir leid"

… vergibt ohne zu berechnen

Freundschaft in der Ehe ist etwas vom Schönsten. Ein zu hohes Ideal? Zu schön, um wahr zu sein? Wahre Freundschaft beruht auf Gegenseitigkeit, muss gepflegt werden, erfordert Opfer, wenn nicht einer der beiden zum Sklaven des anderen werden soll. Nichts fällt uns in den Schoß. Es gilt, immer wieder dran zu bleiben, daran zu arbeiten. Auch für die Ehe gilt: Fange nie an aufzuhören, höre nie auf anzufangen!

Eines der größten Geheimnisse eines über 50-jährigen Miteinanders ist wohl, täglich gemeinsam vor Gott zu stehen durch das Bibellesen, durch den Gedankenaustausch und das gemeinsame Beten. Dabei spielt wohl die Länge weniger eine Rolle, als dass solche Augenblicke überhaupt zustande kommen. Wir genießen es jetzt natürlich, nicht mehr unter Zeitdruck zu stehen. Die tägliche gemeinsame Zeit mit Gott ist eine empfehlenswerte Gewohnheit. Sie kann eine Ehe zusammenschmieden, Hindernisse ausräumen und Licht auf die nächsten Schritte oder den nächsten Wegabschnitt werfen.

Dabei muss eine Ehe keineswegs langweilig oder todernst sein. Mit Humor gewürzt lässt sich`s leichter leben. Es wirkt befreiend, wenn man miteinander lachen kann – auch über sich selbst. Kleinere und auch größere Missgeschicke lassen sich so viel besser ertragen und überwinden. Bei uns vergeht kaum ein Tag ohne herzhaftes Lachen.

Familienfreude

Für Heiterkeit und Abwechslung im Alltag sorgen bei uns oft auch die Enkelkinder. In ihrer frischen, unkomplizierten Art zeigen sie uns die Welt in einem ganz anderen Licht.

Skisportler

„Großpapa, wenn du möchtest, darfst du schon nach Hause gehen." Das war der liebevolle, gut gemeinte Rat einer Halbwüchsigen. Er hatte ihr das Skifahren beigebracht. Nun aber hatte sie ihn überflügelt und wollte mehr Tempo geben. Auf diesen zarten Wink hin, ließ er seine Enkelin mit den Schnelleren ziehen. Er selbst fuhr in seinem nostalgischen Stil und dem ruhigeren Tempo weiter und freute sich an der Selbstständigkeit des jungen Mädchens.

Peter mit seinen Enkeln beim Wintersport

Livia

Für eine Woche hielten wir uns in der Stadt Gera in Thüringen auf, um in Abwesenheit der Eltern für einen möglichst einwandfreien Ablauf der täglichen Familienroutine zu sorgen. Es galt, vier Schulkinder und ein Kindergartenkind in ihrem Alltag zu begleiten und zu versorgen. Wir mussten uns sehr darauf konzentrieren, dass alle zu ihrem Essen kamen – fast jeder tauchte zu einem anderen Zeitpunkt auf –, dass die Musik-, Gesangs-, Turnstunden und das Fußballtraining nicht verpasst wurden, die Vorbereitung für eine anstehende Klassenfahrt klappte und rechtzeitig ein Termin abgesagt wurde. Trotz genauem Plan und der Zusicherung der Kinder, sie wüssten schon, wann, was dran sei, konnte es zu Pannen kommen. Doch mit den Jahren, so durften wir feststellen, wurde es für uns einfacher, je älter die Kinder wurden.

Nun war da noch das Nesthäkchen Livia. Sie war mitten in einer Weiterbildung der Mutter zur Welt gekommen, das heißt, nach einer Babypause konnte Christine ihr Studium abschließen. Als sie dann endlich ihr Diplom für Diakonik entgegennehmen durfte, ging Christine mit Livia auf dem Arm nach vorne und erhielt natürlich tosenden Applaus.

Jetzt aber war Livia, das kleine, energische Bündel von nun dreieinhalb Jahren, arg erkältet. Auch die Kindergärtnerin hatte ihren hartnäckigen Husten bemerkt. Wir versuchten, so gut wie möglich die Mutter zu ersetzen und in ihrem Interesse zu handeln. Da waren schon einige Tricks nötig, um ihr die verordneten, aber furchtbar schmeckenden Tropfen zu verabreichen. Dann war es Zeit für den Kindergarten. Ich half Livia beim Anziehen, oder besser gesagt, ich war bereit einzugreifen, falls etwas schief gehen sollte. Ich riet ihr: „Schau Livia, bei deinem Husten musst du unbedingt noch diese Jacke anziehen. Draußen bläst uns der Wind um die Ohren." Das kam aber gar nicht gut an bei ihr: „Diese Jacke ziehe ich nicht an, die mag ich nicht, es ist nicht meine Lieblingsjacke. Meine Lieblingsjacke hängt unten." Dabei hatte die Mutter diese Strickjacke im modischem Zopfmuster höchstpersönlich für sie ausgesucht und gekauft. Zugegeben, sie fühlte sich etwas steif an … Nun drängte die Zeit und ich gab nach. „So räume sie halt in deinen Schrank, Livia." Livia ging zum geöffneten Schrank, um ihr Kleidungsstück wegzuräumen – dachte ich wenigstens. Nach einiger Zeit kam sie auf mich zu mit der Erklärung: „Grosi, ich habe meine Jacke in den Papierkorb geräumt!" Ich zeigte mich höchst entrüstet, aber es blieb keine Zeit für lange Erklärungen und die Jacke blieb erst einmal wo sie war. Folgendes ging mir durch den Sinn: Liegt damit Livia nicht ganz im Trend unserer Wegwerfgesellschaft? Wie froh war ich, dass für die endgültige Klärung dieser Angelegenheit die Mutter zuständig war. Als Großmutter hatte ich das Vorrecht, auch einmal etwas zu übersehen und ein Auge zuzudrücken.

16. Freds 70. Geburtstag

Feste im Leben zählen zu den Höhepunkten, die wir nicht missen möchten. Vielerlei Gründe gibt es zum Feiern: Hochzeiten, runde Geburtstage, Jubiläen, Familienfeste und mehr. Es tut gut, solche Anlässe zu nutzen. Sie bieten eine herrliche Gelegenheit, das Einerlei des Alltags zu unterbrechen, Beziehungen zu pflegen und längst Vergangenes aufzufrischen.

Eine große Überraschung war schon die Einladungskarte zum 70. Geburtstag meines Bruders Fred, die wir eines Tages im Frühjahr 2013 erhielten. Uns stockte fast der Atem, als wir darauf den rüstigen Ruheständler sahen, der mit dem Rucksack auf dem Rücken mutig von einem Felsvorsprung zum anderen sprang. Das Bild zeigte ihn noch während des Sprungs über den gähnenden Abgrund. Wie wir später erfuhren, reizte es seine Tochter, den Sprung ebenfalls zu wagen, doch traute sie sich diese Mutprobe nicht so ganz zu, obwohl sie auch eine erfahrene Berggängerin ist.

Der 70. Geburtstag meines jüngeren Bruders wurde in einem originellen Landhaus in Gurzelen bei Thun gefeiert. Zu Gast waren seine eigene Familie, seine Geschwister mit Anhang, Freunde, Bekannte und vor allem auch Bergkameraden. Er war und ist immer noch begeisterter Bergsteiger, Skilangläufer und Langstrecken-Radfahrer auf seinem Fahrrad. Bei seiner Geburt weilte ja General Guisan, der damalige Heerführer der Schweizer Armee, anlässlich der Skimeisterschaften des Militärs in Adelboden. Dank der Hilfe eines Militärarztes, den man nach der schweren Hausgeburt hinzuzog, überlebten Mutter und Kind die dramatische Situation – Gott sei Dank! Doch wurden bei diesem Geburtstagsfest noch viele andere Erlebnisse und Geschichten in Erinnerung gerufen. Eine wichtige Rolle spielt dabei immer wieder das Bergsteigen, dem er sich nach dem frühen Tod des Vaters – Fred besuchte damals die neunte Klasse – zugewendet hatte. Die Erlebnisse in der Natur und seine Kameraden halfen ihm, den schmerzlichen Verlust zu überbrücken und zu verarbeiten.

Skivergnügen

Es war an einem Sonntagmorgen, als der 22-jährige Fred unterwegs war und miterlebte, wie eine junge Frau ihre ersten „Rutschversuche" auf den Skiern machte. Sie war Verkäuferin in einem renommierten Adelbodner Lebensmittel- und Delikatessengeschäft, stammte aber ursprünglich aus dem Kanton Schaffhausen, weshalb ihr dieser Sport eher fremd war. An diesem recht trüben Morgen wollte sie nun unbedingt die Kunst des Skifahrens erlernen und befand sich auf der Piste zwischen dem Hahnenmoospass und Geils. Kaum war sie zwei oder drei Meter den Abhang hinunter gerutscht, da landete sie schon wieder auf dem Hosenboden. Dann richtete sie sich jedes Mal mühsam wieder auf und das Ganze begann von vorne. Dieses Spiel wiederholte sich unzählige Male. Mein Bruder, der an jenem Sonntag ebenfalls den Skisport genießen wollte, erkannte die junge Frau, der er zuvor schon einmal kurz begegnet war. Deshalb kannte Fred ihren Namen und wusste, wo sie arbeitete. Allerdings wollte er sich an diesem Tag nicht den Spaß am Skifahren verderben lassen und fuhr deshalb zügig vorbei. Ihre kläglichen Versuche, sich auf den Skiern zu halten, fand er einfach kümmerlich.

Viele Stunden später, als er sich gegen Abend auf dem Rückweg befand und dafür die anspruchsvolle Strecke vom Laveygrat in die Aebi gewählt hatte, machte er eine überraschende Entdeckung. Er traute seinen Augen kaum, denn vor ihm war doch tatsächlich die Anfängerin vom Morgen unterwegs, und das ausgerechnet auf dieser Piste. Dabei hatte sie sich lediglich

einigen Freundinnen angeschlossen, die diese Route vorge-
schlagen hatten, allerdings ohne zu wissen, auf was sie sich
da einlassen würde. Ihre Müdigkeit machte sich bemerkbar
und da sie immer noch keine Ahnung hatte, wie Stürze zu
vermeiden waren, fiel sie nun noch öfter hin, fast im Sekun-
dentakt. Fred war einerseits beeindruckt von der Ausdauer
dieser Schaffhauserin, andererseits hatte er Mitleid mit ihr. Er
fragte sich: „Was ist das bloß für eine Frau, die so lange dran
bleibt und nicht aufgibt, auch wenn eigentlich so gut wie keine
Fortschritte zu verzeichnen sind?" Gleichzeitig erwachte auch
sein Verantwortungsgefühl, denn irgendwie musste Maya, so
hieß die junge Sportlerin, ja den Heimweg schaffen, bevor
die Nacht hereinbrach. Die Unermüdliche schlotterte auch
schon vor Kälte, denn ihre Kleider waren längst durchnässt.
Fred wusste, dass er hier etwas tun musste. Kurzerhand zog er
seine warme, trockene Jacke aus und forderte sie auf, hinein-
zuschlüpfen. Und dann begann für ihn ein äußerst mühsames,
langwieriges nach Hause schleppen seiner Schutzbefohlenen.
An diesem Abend war Fred klar: So kann es nicht weitergehen.
Maya braucht dringend jemand, der ihr die ersten Begriffe und
die Technik des Skifahrens beibringt. So schlug er ihr vor,
wenn sie einverstanden wäre, ihr das nötige Wissen und die
praktischen Kniffe dieses Sports am folgenden Sonntag beizu-
bringen. Sie nahm das Angebot dankbar an – und ist inzwischen seit 50 Jahren glücklich mit ihm verheiratet.

Was aus der ganzen Angelegenheit geworden war, bekamen
wir an jenem Junisonntag während der Geburtstagsparty zu
sehen. Die drei blonden Mädels des Jubilars demonstrierten
mit ihren Ehemännern und Kindern singend und mit viel
Humor den *Engadiner Langlaufmarathon* samt Höhepunkten
und Leidensszenen. Fred hatte es nämlich fertig gebracht, seine
gesamte Nachkommenschaft für dieses jährliche Ereignis zu

begeistern oder wenigstens anzuspornen. Sogar jene Ehemänner, die wenig Ahnung vom Langlauf hatten, brachte er auf die Bretter und auf die 42 Kilometer lange Strecke vom Malojapass aus Richtung Ziel in Schanf. Zwei der Beteiligten hatten erst ein Jahr zuvor begonnen, sich mit Langlauf anzufreunden. Am Ende trafen alle irgendwann am Ziel ein! Ein Bericht mit Foto des Familienclans im Frutigländer krönte dieses Ereignis. Wir Gäste hatten bei dieser Darbietung eine Menge zu lachen.

Fred war aber auch nebenberuflich elf Jahre lang mit seiner Frau zusammen stellvertretender Kirchendiener in der reformierten Kirche. So erlebte er neben den Gottesdiensten am Sonntag all die üblichen Anlässe, die zum Kirchenjahr gehören, und kümmerte sich um die Reinigung der Kirche, des Gemeindehauses und die Pflege der Gartenanlagen. Seine Frau Maya stand ihm unermüdlich zur Seite, weil er ja aus beruflichen Gründen oft verhindert war.

17. Lebensweisheit

Das Leben auf unserer Erde ist schön, doch es ist auch zerbrechlich und vor allem endlich. Das habe ich in meinem eigenen Leben und im Leben der Menschen um mich herum immer wieder so erlebt. Weise zu leben hat auch etwas damit zu tun, ob man weise auf das Ende sehen kann.

Ein guter Nachbar

Wir lernten Fritz und seine Geschichte näher kennen, als wir in den Bärenschwand zogen. Dort wohnte er nur wenige hundert Meter von uns entfernt. Von Beruf her war er im Seilbahnbau tätig gewesen, da ihn die Seilbahnen schon von Jugend auf interessierten. Sieben Jahre lang hatte er sogar in Kanada gelebt und für eine Holzfirma gearbeitet, die ihre Transporte mittels Seilbahnen ausführte. Weil seine Frau aber so sehr Heimweh hatte, kehrte er in die Schweiz zurück. Leider verstarb sie einige Zeit später bei der Geburt ihres vierten Kindes. Später heiratete Fritz noch einmal und seine Familie wuchs um weitere drei Kinder. Das gefiel ihm, stammte er doch selbst auch aus einer großen Familie.

Fritz war stets ein sportlicher Typ, robust und abgehärtet. Abwechselnd mit seinem Bruder Konrad hat er mehrfach das jährliche Skirennen der Bahnangestellten gewonnen. Daneben war er aber auch ein begabter Holzschnitzer. Diese Kunst entdeckte er vor allem in späteren Jahren. Dank eines Geschenks seiner Kinder konnte er sich in der Brienzer Holzschnitzerschule auf diesem Gebiet weiterbilden. Einmal zeigte er uns das Geweih eines Hirsches und meinte: „Dieses Geweih habe ich aus Kanada mitgebracht und habe jetzt das passende Tier dazu geschnitzt." So einfach war das für ihn! Auf diese Weise entstanden im Laufe der Zeit eine ganze Reihe von Tieren, die neben dem stolzen Kanadischen Hirsch vor seinem Haus einen Platz fanden: ein Bär, ein Fuchs und ein gutmütig ins Tal hinaus blickender Bernhardinerhund.

Im Innern des Hauses stießen wir noch auf andere Kunstwerke. Im Schraubstock steckte ein nicht ganz fertig geschnitztes Murmeltier. Daneben lagen Skizzen seiner künftigen Arbeiten. Vor allem zog ein Adler unsere Blicke auf sich. Majestätisch begann er, seine Flügel auszubreiten. Ein imposantes Tier mit seinem markanten krummen Schnabel und den scharfen Krallen.

Seit wir nahe beieinander wohnten, lernten wir uns näher kennen. Es verging kaum ein Tag, an dem wir Fritz nicht irgendwo hämmern hörten. Immer war etwas an seinen Gebäuden oder an der Liegenschaft auszubessern. Dann kam der Tag, an dem wir feststellen mussten, dass der einst so kräftige Mann zu kränkeln begann. Er klagte über Appetitlosigkeit. Ich hatte ihn schon seit einiger Zeit nicht mehr gesehen, wusste aber, dass er in ärztlicher Behandlung war. „Auf dem Rückweg will ich sehen, wie es unserem Nachbarn geht", bemerkte ich zu unserer Tochter Christine, als wir an seinem Haus vorbeispazierten. Ich fand ihn später in seinem bequemen Sessel in der gemütlichen Stube aus Holz. Wie hatte er sich verändert! Er saß da, mit zwei Schläuchen in der Nase. Sie führten ihm flüssige Nahrung zu. Essen konnte er schon seit einiger Zeit kaum mehr, denn seine Speiseröhre ließ fast nichts mehr durch. Das Sprechen ermüdete ihn sehr und so blieb ich nicht lange. Dankbar nahm er jedoch mein Angebot an, mit ihm zu beten. Auch er bete jeden Tag und lese in der Bibel, erwähnte er. Er ließ auch durchblicken, dass er in Kanada mit den Zeugen Jehovas in Verbindung gekommen sei. Sie vertreten ja die Ansicht, dass man sich im Gebet nur an Gott selbst wenden dürfe.

Zu Hause erzählte ich Peter von meinem Besuch. Von nun an schaute er regelmäßig bei unserem Nachbarn und seiner Frau vorbei. Er durfte ihm erklären, dass Jesus Christus, Gottes Sohn, der Mittler ist zwischen Gott und uns, und dass wir durch ihn freien Zugang haben zu Gott, dem Vater. Fritz war dankbar, Jesus als den annehmen zu dürfen, der am Kreuz für seine persönliche Schuld bezahlt hatte und dadurch eine Brücke zu uns Menschen schlug.

Seine letzten Tage verbrachte der Leidende noch im Krankenhaus. Peter besuchte ihn auch dort und staunte über seine Zuversicht. Nach seinem Tod fragte uns seine Frau im Namen der Angehörigen, ob wir bereit wären, die Trauerfeier zu gestalten. Gerne übernahmen wir der Familie zuliebe diesen Dienst. So kam es zu einer Feier, an der sich auch drei seiner Enkelkinder beteiligten. An der Trauerfeier nahmen nicht nur die vielen Verwandten, Bekannten und Freunde teil, sondern auch die Angestellten der Bergbahnen und Skilifte. Der geschnitzte Adler erhielt ebenfalls einen Platz während der Feier. Wie der Holzschnitzer in einem großen Stück Lindenholz bereits sieht, was daraus werden soll, so hat auch Gott seinen Plan mit jedem Menschen. Er sieht im Voraus, was aus ihm werden könnte. Wir tun gut daran, Gott rechtzeitig nach seinem Plan für unser Leben zu fragen und ihm zu erlauben, etwas Erfreuliches daraus zu machen.

Ruth England

Es liegt lange zurück und ich weiß nicht mehr genau, wie wir auf dieses Thema zu sprechen kamen. Auf jeden Fall war ich damals 21 und arbeitete zum zweiten Mal in England. Dieses Mal in einem Privataltersheim. Ruth, eine 30-jährige Krankenschwester aus der Schweiz, fing an zu erzählen. Was sie berichtete, lag damals bereits mehrere Jahre zurück, doch es erregte sie immer noch. Nun fand sie den Mut, ihr kostbar gehütetes Geheimnis jemandem anzuvertrauen.

Als junge Frau hatte sie eine sehr schwierige Zeit durchlebt, steckte voller Fragen und suchte nach der Wahrheit für ihr Leben. Was sollte und konnte sie glauben? Nichts schien ihrer kritischen Haltung standzuhalten, weder das Christentum noch irgendeine andere Religion. Sie hatte vieles geprüft und war auch schon in etliche Länder gereist, um den Islam, Buddhismus, Hinduismus und andere Religionen kennenzulernen und auszuprobieren. Auch hatte sie viele Bücher gelesen von Friedrich Nietzsche, Karl Marx, Wladimir Lenin, Voltaire, Charles Darwin und anderen Autoren. Dabei war es in ihrem Innersten immer dunkler und hoffnungsloser geworden. Sie war so verzweifelt, sah keinen Sinn mehr in ihrem Leben und beschloss, dieses zu beenden. Als sie dann zwischen Leben und Tod im Krankenhaus lag, schrie sie verzweifelt: „Gott, wenn es dich wirklich gibt, gib dich mir zu erkennen. So kann ich nicht mehr weiter existieren!" Auf einmal erkannte sie direkt über ihrer Bettdecke drei Kreuze, das Kreuz Jesu in der Mitte. Es ging um das Geschehen auf Golgatha an Karfreitag. Sie schaute und schaute und konnte nicht genug hinsehen, wagte sich kaum noch zu bewegen aus Angst, das Bild könnte verschwinden. In jenen Augenblicken hatte sie die Antwort auf die tiefsten Fragen ihres Lebens gefunden: Es gibt einen Gott und er hat seinen Sohn auf die Erde geschickt, um die Frage von Schuld und Vergebung ein für alle Mal zu lösen, indem er am Kreuz sein Leben aushauchte. Das geschah auch für mich! Im Glauben konnte sie das Angebot der Liebe Gottes annehmen und fand endlich den lang ersehnten Frieden. Das erfüllte sie mit unbeschreiblicher Dankbarkeit und wurde zur Wende in ihrem Leben. Gemeinsam haben wir damals gestaunt und gedankt für Gottes unaussprechliche Liebe zu uns Menschen.

142

Dichter und Denker

An das Gespräch mit Ruth, das ich mir seinerzeit aufgeschrieben hatte, erinnerte ich mich erneut, als ich vom großen französischen Philosophen Voltaire las, der von 1694 bis 1778 lebte und als einer der größten Schriftsteller der Aufklärung in Europa gilt. Über das Sterben und den Tod schrieb er einmal einer Dame: „Man soll nie an den Tod denken. Der Tod ist durchaus nichts. Er gleicht dem Schlaf wie ein Wassertropfen dem anderen. Nur die Vorstellung, dass man nie mehr erwachen wird, macht Pein." Und dann kam der Tag, an dem auch Voltaire sterben musste. Der Arzt, der das Drama seines Sterben miterlebte, schrieb an seinen Freund: „Ich habe ihm oft die Wahrheit gesagt, und am Ende seines Lebens bekannte er: Hätte ich doch Ihren Rat befolgt! Dann wäre ich nicht in dem schrecklichen Zustand, worin ich mich jetzt befinde. Erbarmen Sie sich meiner, ich bin ein Narr!" Sein Ende muss ein verzweifelter Kampf gewesen sein. „Ich wünschte", so fuhr der Arzt fort, „alle, die durch Voltaires Bücher verführt wurden, wären Zeugen seines Todes gewesen!" Eine Krankenschwester, die ebenfalls dabei war, sagte später: „Um alle Reichtümer der Welt, wäre ich nicht dazu zu bewegen, Voltaires Sterben noch einmal mitzuerleben".

Ein anderer heller Kopf war der Engländer Charles Darwin (1810 bis 1882). Er war einer der bedeutendsten Naturwissenschaftler seiner Zeit und lieferte wesentliche Beiträge zur Lehre über die Entstehung der Arten. Darwin schrieb einmal seinem Freund Lyell: „Wenn ich darüber nachdenke, wie oft sich schon Männer jahrelang einer Täuschung hingegeben haben, läuft es mir kalt den Rücken herunter und ich frage mich, ob ich nicht etwa mein Leben einer Fantasie gewidmet habe." Darwin wusste, dass sich Männer (und auch Frauen) gewaltig täuschen können, obschon er damals einen Adolf

Hitler und die verheerenden Folgen seiner Wahnvorstellungen noch nicht kannte.

Auf der anderen Seite sind mir auch viele Menschen begegnet, die sich geradezu auf ein Leben nach dem Tod freuten. Sie hatten nicht nur ihren Nachlass geregelt, sondern vor allem ihre Beziehung zu Gott geordnet und reinen Tisch gemacht. Sie hatten das Angebot von Jesus, dem Sohn Gottes, der stellvertretend für sie am Kreuz gestorben war, angenommen. Sie hatten die Schuld für ihr gottloses Leben zugegeben und durften glücklich und unbeschwert aus diesem Leben ausscheiden und in Gottes Ewigkeit hinübergehen. Ermutigend finde ich auch die Aussage einer mir gut bekannten Frau, einer treuen Beterin. Einige Stunden vor ihrem Tod wurde sie von ihrer Betreuerin gefragt: „Frau Lanz, warum können Sie immer noch nicht schlafen?" Sie antwortete: „Ich freue mich so auf das Fest!"

18. Wenn Gedanken kreisen

Als ich aufwuchs, hatte ich stets auch Kühe um mich herum, die ich beim Ruhen beobachtete. Liegend oder auch stehend kauten sie gemächlich ihr Futter und schluckten es hinunter. Doch nach einiger Zeit fingen sie schon wieder an zu kauen, denn der Nachschub aus dem Magen war angekommen. Wenn der Hals sich verdickte, wusste man, dass ein neuer Klumpen gerade ins Maul befördert wurde. Das wiederholte sich so lange, bis der letzte Rest wiedergekäut war.

Ab und zu werde ich gefragt, aus welchen Quellen ich schöpfe, um Bücher zu schreiben. Meine Antwort lautet dann: „Ich führte nie ein Tagebuch, aber schrieb mir im Laufe der Zeit ab und zu etwas auf. Außerdem bin ich ‚Wiederkäuerin‘!" Ich erlebe gewisse Begebenheiten x Mal, so lange, bis sie verdaut sind und haften bleiben. So ist es auch mit gewissen Themen des Alltags, die mich beschäftigen. Ich bewege sie in meinem Inneren von allen Seiten und bilde mir meine eigene Meinung. Zudem lese ich gerne. Dabei kommen dann alle möglichen Überlegungen zum Vorschein. Eine Kostprobe gefällig?

Geld genug

Geld kann eine fast magische Anziehungskraft haben. Einer der damals reichsten Männer der Welt, *John Rockefeller*, wurde einmal gefragt, wie viel Geld jemand denn unbedingt haben müsse, um wirklich genug zu haben? Seine Antwort lautete: „Ein bisschen mehr." Das trifft die Sache gut, denn man kann immer noch ein „bisschen mehr" brauchen, es wird immer noch ein Quentchen fehlen zum erträumten Glück. Dieses „bisschen mehr" ist so wichtig, dass die Medien ständig von Geld und Reichtum berichten. Da geht es um Managergehälter, Bonuszahlungen, Steuerhinterziehung oder Bankgeheimnisse. Kaum ein anderes Thema scheint so viel Interesse zu wecken, als Geld das man hat oder nicht hat. Ob das Leben wohl auch noch aus anderen Werten besteht?

Besitz allein wird das tiefste Bedürfnis des Menschen nie stillen. Solange der Mensch sich nicht bewusst wird, dass nur ein anderer seine Sehnsüchte stillen kann, nämlich Jesus, der gekommen ist, um uns das Leben und reichen Überfluss zu bringen, solange wird der Hunger nach „ein bisschen mehr" nicht aufhören.

Ich las einen erfreulichen Bericht über *Bill Gates*, den Gründer von Microsoft, der mich beeindruckt. Gates gilt als einer der reichsten Männer der Welt und ist zugleich einer der größten Wohltäter der Neuzeit. Er kämpft gegen Kinderlähmung oder Malaria in den ärmsten Ländern dieser Erde. Er hat jetzt schon bereits die Hälfte seines ungeheuren Vermögens für die Zweidrittelwelt gespendet und unterstützt vorwiegend sein Projekt unter Kindern, deren Sterblichkeit er durch entsprechende Medikamente und Impfungen auf ein Minimum zu senken hofft. Er will auf keinen Fall, dass seine eigenen Kinder zu viel Reichtum in die Hände bekommen. Er sagt: „Am Ende wird der allergrößte Teil meines Geldes in meine Stiftung eingeflossen sein." So etwas zu hören, baut mich auf.

Ehrenamt

Wer sich ehrenamtlich engagiert, lebt länger – bis zu sieben Jahre. Das soll zumindest ein Professor bei seinen Forschungen herausgefunden haben. Ob das stimmt? Mir leuchtet das ein. Wer sich freiwillig einsetzt, der ist für andere da, geht auf sie zu, ist nicht nur auf die eigenen Vorteile fixiert und bleibt in Bewegung.

Bewegung ist in unserer Zeit ein aktuelles Stichwort. Einerseits sind wir so erfinderisch, dass wir immer mehr Bewegungen einsparen, von der Fernbedienung bis zur Auto-Mobilität. Das soll unsere Kräfte und Ressourcen sparen. Andererseits werden Kampagnen angestoßen, damit sich Menschen mehr bewegen. Das Nebeneinander von Fitnessuhr und Fernbedienung klingt für mich etwas paradox. Schon von frühster Jugend an wurde ich zu möglichst viel Bewegung angehalten. Das ergab sich wie von selbst aus unseren Lebensumständen in der Landwirtschaft. Noch heute weiß ich, dass mir Bewegung schon immer gut getan hat. Als Kind war ich zum Sommeranfang vor der Heuernte meist schlapp und müde, doch mit jedem Tag wurde ich kräftiger und fühlte mich besser. So versuche ich bis heute, dran zu bleiben und jede Möglichkeit zur Bewegung zu nutzen, im Haushalt, beim Treppensteigen oder einfach überall dort, wo sich Gelegenheit dazu bietet. Ich gehe so oft ich kann zu Fuß; nicht etwa um den Schrittzähler zu befriedigen, sondern aus einem inneren Bedürfnis heraus.

Wer sich ehrenamtlich engagiert, wird wahrscheinlich genug Bewegung bekommen. Dazu gibt es hunderte von Möglichkeiten, zum Beispiel im Bereich der Diakonie, der Pflege, in administrativen Aufgaben, in Fahrdiensten, bei kirchlichen Einrichtungen und so weiter. In unserer Gemeinde, im Heilsarmeekorps Adelboden, gibt es ganz verschiedene Aufgaben, bei denen sich Menschen freiwillig einbringen. Eine dieser Gruppen ist unsere Putzequipe. Sie macht nicht viel von sich reden, scheint nicht unbedingt zu der attraktivsten zu gehören, verrichtet aber seit Jahrzehnten in aller Stille einen äußerst wichtigen Dienst, damit sich jedermann im weiträumigen Gebäude wohl fühlen kann. Ich bin dankbar für alle, die sich „ehrenamtlich bewegen". Vielleicht steckt ja dahinter auch das, was ein unbekannten Verfassers einmal treffend formuliert hat:

> *„Das will ich mir schreiben in Herz und Sinn; dass ich nicht für mich hier auf Erden bin, dass ich die Liebe, von der ich lebe, liebend an andere weiter gebe."*

Die Spur der Christen

„Von Jesus, seiner Lehre und dem Christentum ist ja nicht mehr viel zu merken in dieser Welt." Dieser Ausspruch begegnet mir ab und zu und jedes Mal mache ich mir Gedanken darüber. Ist wirklich nichts mehr geblieben? Oder übersehen wir nur die Spuren? Haben wir uns schon so sehr an Schulen, Krankenhäuser, Samaritervereine oder Entwicklungsarbeit in fernen Ländern gewöhnt, dass wir ihren oft christlichen Ursprung vergessen haben?

Ich denke zum Beispiel an *Heinrich Pestalozzi* (1746 bis 1827). Sein Vater starb bereits mit dreiundreißig Jahren, als Heinrich fünf Jahre alt war. Sein Großvater war Pfarrer in Höngg bei Zürich. Heinrich Pestalozzi verbrachte gerade durch diesen Umstand viel Zeit im Pfarrhaus und wurde selbst ein tiefgläubiger Mann, später ein einflussreicher Pädagoge und Sozialreformer. Er war weit über die Landesgrenzen hinaus bekannt und geachtet. Der christliche Glaube hatte sein Menschenbild und seine Hingabe geprägt.

Oder mir fällt *Henry Dunant* (1828 bis 1910) ein. Er ist der Gründer des Roten Kreuzes. Bereits im Alter zwischen neun und zwanzig Jahren besuchte er regelmäßig mit seiner Mutter Arme und Bedürftige in Genf. Die Bibel bedeutete ihm sehr viel. Mit seinen Freunden veranstaltete er Abende für Bedürftige, woraus 1852 der erste Christliche Verein Junger Männer (CVJM) in der Schweiz entstand. Auf einer Reise nach Italien erlebte er mit, wie nach der Schlacht bei Solferino Tausende verwundeter Soldaten nur ungenügend versorgt werden konnten. Da entschloss er sich zu einer spontanen Hilfsaktion, die zum Anfang des weltumspannenden Roten Kreuzes wurde.

Dies sind nur zwei Beispiele aus der Schweiz. Es gäbe weltweit so viele andere beizufügen. Nähmen wir einmal an, wir könnten auf einen Schlag alle Auswirkungen des Christentums aus der Welt verbannen – was bliebe wohl übrig? Wie lebenswert wäre eine Welt ohne Nächstenliebe, Fürsorge und Barmherzigkeit?

Frieda Weber

Ich möchte an dieser Stelle noch von Frieda Weber, einer alten Brigadierin der Heilsarme erzählen. Während unseres fünfjährigen Aufenthaltes in Basel besuchte ich ab und zu die pensionierten Heilsarmee-Offiziere in der Gegend. Vor einer Türe in einem Wohnblock musste ich oft unendlich lange warten, bis sie sich mir öffnete. Und das, obwohl ich meinen Besuch jeweils angekündigt hatte. Ich wusste, die betagte Dame musste zuerst ihre Stöcke nehmen und sich dann mühsam bis zum Eingang kämpfen, was stets auch schmerzhaft war. Wenn sich dann aber endlich die Tür öffnete, lachte mir ein strahlendes Gesicht entgegen. Die 89-Jährige war voller Dankbarkeit für die willkommene Abwechslung in ihrem Alltag. Sie war auch dafür dankbar, dass sie noch allein in ihrer Wohnung leben durfte, von wo aus sie einen einzigartigen Rundblick über die Stadt genoss. Dies alles war für sie fast Luxus, hatte sie doch jahrzehntelang lediglich ein Zimmer zur Verfügung gehabt. Ihre Botengänge und einige Hilfeleistungen im pflegerischen Bereich wurden von einigen bereitwilligen Helfern erledigt, um alles andere kümmerte sie sich noch selbst. Nicht ohne Stolz zeigte sie mir ihre gemütlich eingerichtete Wohnung. Mein Blick streifte über die blühenden Pflanzen auf dem Fenstersims, bevor ich es mir im Lehnstuhl bequem machte. Mit der kontaktfreudigen Frau kam bald ein Gespräch in Gang. Nur am Rande und auf meine ausdrückliche Frage hin sprach sie auch über ihre gesundheitliche Lage. Viel lieber ließ sie mich an ihrem bewegten Leben teilhaben. Es war so interessant, dass ich mir, als ich wieder zu Hause war, einiges für mich selbst und für die Nachwelt aufschrieb.

„Für mich war es ein großes Vorrecht, meine Dienstzeit in der Heilsarmee vorwiegend in Kinder- und Mädchenheimen verbringen zu dürfen", begann sie ihre Erzählung. „Ich liebte diese Kinder und auch die jungen Frauen. Für sie schlug mein Herz. Die meisten kamen aus schwierigen Verhältnissen; sie waren entweder unerwünscht oder vorübergehend auf einen Platz im Heim angewiesen." Wer damals längere Zeit im Heim blieb, hatte die Möglichkeit, einen Beruf zu erlernen. Aus diesem Grund ließ sich Frieda Weber noch in vorgerückten Jahren als Glätterin ausbilden. Sie wollte ihren Schutzbefohlenen eine gute Lehrmeisterin sein. Voller Stolz erzählte sie, dass nie eines der Mädchen in der Abschlussprüfung als Glätterin durchgefallen sei. Vom ehemaligen Mädchenheim *Schlössli* aus belieferte sie regelmäßig mit dem Lieferwagen eine anspruchsvolle Kundschaft in Basel und Umgebung. Wie freute es sie in späteren Jahren, hin und wieder Rückmeldungen von Ehemaligen zu erhalten oder einige von ihnen persönlich zu treffen. Es ermutigte sie zu sehen, dass recht viele unter ihnen ihren Weg im Leben gefunden hatten. Einige äußerten sich auch anerkennend über das gute christliche Fundament, das während ihres Aufenthaltes in sie gelegt worden war.

Beim Erzählen kam Frieda in Fahrt. Und ich hätte sehr gerne auch gewusst, wie sie überhaupt zu ihrem Auftrag in der Heilsarmee gekommen war. Auch interessierten mich die Erlebnisse aus ihrer Kindheit. Da hatte ich nun ein Thema angeschlagen, das so manches in ihr anstieß. Mit wahrer Begeisterung erzählte sie von ihren Eltern. Als sie heirateten, war ihr Vater dem Alkohol verfallen. Er trank so viel, dass er in Schulden geriet. Frieda war die älteste von sechs Kindern. Als die Mutter schwanger war mit ihr, ging sie waschen und putzen, um das Geld für einen Stubenwagen zusammenzulegen. Das schloss sie dann in eine Kommodenschublade ein. Der Vater bemerkte natürlich die verschlossene Schublade und weil er wieder mal dringend Geld brauchte, brach er die Lade einfach auf und bediente sich. Das Geld war weg und so wurde Frieda nach der Geburt ganz einfach in einen Wäschekorb gebettet.

Zu jener Zeit begann die Heilsarmee eine Arbeit in Uzwil in der Ostschweiz, wo Friedas Familie damals wohnte. Der Vater kam durch die musikalischen Einsätze in den Gaststätten mit der Heilsarmee in Berührung. Allerdings lehnte er die Zeitschrift „Der Kriegsruf" ab, weil darin der Sünde, der Sucht und der sozialen Ungerechtigkeit der Krieg erklärt wurde. Auch sonst war er eher abweisend. Die in Uzwil stationierte Heilsarmee-Offizierin versuchte ein Gespräch in Gang zu bringen: „Sind Sie verheiratet?" „Geht Sie nichts an!" „Haben Sie denn Kinder?" „Das geht Sie nichts an!" „Wenn Sie verheiratet sind, dann tragen Sie eine Verantwortung!" Diese Worte der Heilsarmee-Frau ließen ihn nicht mehr los. Er fing an, die Versammlungen zu besuchen. Allerdings warnte ein Blaukreuz-Fürsorger die Korps-Offizierin: „Weber hat schon drei Mal die Abstinenzverpflichtung unterschrieben und konnte sein Versprechen nicht halten. Machen Sie sich nicht allzu viel Hoffnungen." Ihre Antwort lautete: „Unterschreiben allein genügt nicht, wenn nicht Gott selbst eingreift und Webers Leben neu macht." Das durfte dann auch wirklich geschehen. Arnold Weber vertraute eines Abends in einem

Gottesdienst sein Leben Jesus an. Von da an verspürte er überhaupt keine Lust mehr auf Alkohol. Am ersten Zahltag nach seiner Bekehrung ging er zum Wirt, um seine Schulden zu bezahlen. Der Wirt empfing ihn mit den Worten: „Das hab ich mir gedacht, dass du nach deinem Zahltag wieder erscheinen wirst!" Arnold Weber gab ihm zur Antwort: „Ich komme nicht, um Alkohol zu trinken. Ich komme, um meine Schulden zu bezahlen." Darauf erwiderte der Wirt: „Wenn das wirklich stimmt und du von jetzt an keinen Alkohol mehr zu dir nimmst, sind deine Schulden bezahlt. Aber wehe, wenn du wieder zu trinken anfängst oder es an einem andern Ort tust, dann bist du mir alles wieder schuldig." Arnolds Schulden blieben zeitlebens getilgt.

Im Jahre 1907 wurde Arnold Weber als erster Heilssoldat in Uzwil unter der Fahne blau-gelb-rot aufgenommen. Dabei bedeutet blau die Reinheit des Herzens, rot steht für das für uns vergossene Blut Jesu am Kreuz auf Golgatha und gelb für das Feuer des Heiligen Geistes. Brigadierin Weber erzählte, dass wenn sie sich später an den Missionseinsätzen in den Gaststätten in Uzwil beteiligte und an den ehemaligen Stammtisch ihres Vaters kam, der Wirt den andern Gästen jedes Mal erklärte: „Das ist Webers Tochter. Dies hier war sein Stammtisch. Ihr müsst ihr einen ‚Kriegsruf' abnehmen. Er hat sich tatsächlich verändert.

Mit ihren Geschwistern erlebte Frieda eine bescheidene, aber gute, unbeschwerte Kindheit. Mit Freuden nahm sie an den Kinderstunden teil und besuchte die Sonntagschule. Nach ihrem Schulabschluss war es ihr großer Wunsch, Heilssoldatin zu werden. Aus Dankbarkeit für das, was Gott an ihrer Familie getan hatte, wollte sie ihm ihr ganzes Leben zur Verfügung stellen und sich einsetzen für solche, denen es nicht so gut ergangen war wie ihr.

Dieser Lebensbericht ist für mich eine große Ermutigung, denn er zeigt, dass der hingebungsvolle Einsatz für Gottes Reich und die Menschen sich wirklich lohnt. Er war und ist nicht vergebens, sondern trägt seine Früchte. Brigadierin Frieda Weber erreichte das hohe Alter von 95 Jahren. Zu ihrem 90. Geburtstag empfing sie viele Gäste, Gratulationen und Geschenke. Dabei freute sie sich kindlich an jeder noch so kleinen Aufmerksamkeit. Wahrscheinlich war sie an jenem Tag ein bisschen nervös, weshalb sie nicht auf ihren Weg achtete, stolperte und hinfiel. Beim Sturz zog sie sich einen Schenkelhalsbruch zu. So musste notgedrungen eine andere Lösung für ihre Wohnungssituation gefunden werden. Doch auch in den veränderten Verhältnissen blieb sie stets fröhlich und dankbar.

19. Velotour

Um fünf Uhr in der Früh klingelte der Wecker. Peter sprang aus dem Bett und bekam schon nicht mehr mit, dass sein Handy ihn immer wieder neu mahnte, endlich aufzustehen. Er machte sich bereit für seine siebentägige Fahrradtour mit einem seiner Freunde. Die Route würde sie vom Elsass entlang der Mosel nach Deutschland führen. Die beiden rechneten mit einer täglichen Strecke von 80 bis 100 Kilometern. Allerdings lockte das Wetter nicht gerade zu einer solchen Rundfahrt. Über Nacht waren etwa 15 Zentimeter Schnee gefallen und noch immer schneite es leicht. Dabei war es der 29. Mai …

Ich ließ es mir noch für eine Weile gut gehen im warmen Nest. Peter kam ja prima alleine zurecht und hatte alles sorgfältig vorbereitet. Dann kam er für den Abschiedskuss ins Schlafzimmer. Auf der Bettkante sitzend beteten wir miteinander um Gottes Schutz und Bewahrung auf der langen Reise. Dann drehte ich mich nochmals vergnüglich auf die andere Seite. Bis plötzlich aus einem Radiowecker das Lied „An den Ufern des Mexiko River…" dröhnte und den Langschläfer daran erinnern wollte, sich endlich zu erheben. Doch dieser war längst aus dem Haus. Eine schmale Reifenspur vom Haus weg durch den Neuschnee zeugte davon. Peter war endgültig weg, aber bestimmt noch nicht bis zu den Ufern des Mexiko River gekommen auf seinem Fahrrad! Als ich später aufstand, fand ich in der Küche schon mein Frühstück bereit. Im Kaminofen knisterte ein lustiges Feuer und verbreitete angenehme Wärme. Ich musste also weder frieren noch hungern.

Peter und ich hatten abgesprochen, dass wir durch Kurznachrichten auf dem Handy regelmäßig miteinander in Verbindung bleiben wollten. Doch im Moment waren meine Gedanken noch bei unserer Enkeltochter Tikva, die gerade heute zu ihrem mehrmonatigen Aufenthalt in Afrika nach Pemba, Mosambik, aufbrach. Sie würde dort eine Bibelschule besuchen und anschließend noch an einigen missionarischen Einsätzen teilnehmen. Ich freute mich darüber, dass sie nach dem Tod ihrer Mutter nun endlich wieder mutig und zuversichtlich ihr Leben in die Hand genommen hatte.

Schnappschüsse

Während Peters Reise notierte ich mir alle möglichen Dinge, über die ich vielleicht später noch mit ihm sprechen würde. Diese Aufzeichnungen geben einen guten Einblick, womit meine Tage gefüllt waren.

Mittwoch, 29.5.

* Eben läutet es an der Türe. Mein Cousin bringt als Ersatz für Peters kaputte Motorsäge zum Fällen von Bäumen und Zersägen von Holzstämmen eine nigelnagelneue vorbei. Ein unerlässliches Werkzeug zum Zubereiten des Brennholzes für unsere Heizung. Wir einigen uns auf einen bestimmten Betrag.
* Eine SMS an Peter wird irrtümlicherweise an einen Paul Hari verschickt und kommt zurück. Pech gehabt!
* Der Staubsauger versagt seinen Dienst, so bin ich wenigstens vorläufig dieser Aufgabe entledigt.

Donnerstag, 30.5.

* Schnee allenthalben und es schneit immer noch, null Grad.
* Am zweiten Tag nach Peters Abreise fällt mir beinahe die Decke auf den Kopf. Ich fühle mich müde und habe zu nichts Lust. Wenn doch nur endlich die Sonne scheinen würde! Kurzerhand entschließe ich mich zu einem Besuch bei meiner Nachbarin unterhalb. Ihre Freude ist übergroß,

vor allem als sie herausfindet, dass mir das Rummy-Spiel bekannt ist. Während des Spielens betont sie ein ums andere Mal, wie sie das freut, dass ich mithalten kann. Als Witwe fühlt sie sich oft allein und könnte wohl öfters so einen Besuch brauchen. Ich nehme mir vor, für meinen nächsten nicht mehr so lange zu warten.

* Meine SMS kam an! Peter geht es gut! Er hat schöneres Wetter.

Freitag, 31.5.

* Immer noch düstere Umgebung, kühl.
* Wie gut, dass ich aus den Federn bin, denn gegen 8 Uhr kommt unerwartet meine einstige Schulkollegin vorbei. In ihrem ersten Beruf war sie als Handarbeitslehrerin tätig, holte sich dann den Doktortitel in Biologie und studierte anschließend Theologie. Ja, das gibt es! Als pensionierte Pfarrerin verbringt sie nun ihren Lebensabend, gleich wie wir, in ihrem Heimatort Adelboden. Sie wohnt im kleinen Haus ihrer längst verstorbenen Eltern. Auf ihrer frühmorgendlichen Wanderung kam sie auf den guten Gedanken, mir wieder einmal einen Besuch abzustatten. Der Rauch aus unserem Kamin hat sie ermutigt, an die Türe zu klopfen. Bei einer Tasse Kaffee unterhalten wir uns aufs Beste.
* Um 12 Uhr nehme ich wie üblich an einem Freitag, am *Suppen-Zmittag und Gebet* in der Heilsarmee teil. Anschließend Besuch bei meinem Bruder Willi in der Oey. Es geht ihm gesundheitlich nicht sehr gut, doch ist er zuversichtlich und weiß sich in Gott geborgen. Seine Frau kommt vorbildlich für seine Bedürfnisse auf.
* Von der jüngeren Generation lasse ich mir die Funktion des Handys besser erklären. Dann geht es zu Fuß mit mei-

nen Einkäufen bergauf nach Hause. Der Regenschirm ist unerlässlich.

Samstag, 1.6.
* Kalt und viel Regen, trostlos, aber gestern wurde uns am Mittagstisch bestätigt, dass der Wechsel der Jahreszeiten nicht aufhören wird.
* Postbote bringt einen A-Postbrief von B. A. – eine Ermutigung für mich, positive Reaktionen auf meine beiden Bücher.
* Telefongespräch mit einer Nachbarin oberhalb. Ihre Mutter liegt wegen Herzproblemen zur Untersuchung im Spital in Bern. Der Vater muss zur Hüftoperation antreten.

Sonntag, 2.6.
* 9.00 Uhr Gebet, 9.30 Uhr Gottesdienst. Kurze Bildpräsentation über den Löwenzahn, eine ganz spezielle Pflanze, mit treffenden Parallelen zu unserem Leben. Thema der Predigt: Wachsen – sehr gute Gedanken. Illustration der Wachstumsknoten anhand sehr langer Halme. Knoten in unserem Leben, nicht sehr angenehm, aber sie helfen uns, die nötige Stärke zu erlangen, um auch Stürmen standzuhalten.
* Mittagessen bei einer Freundin, wir sind zu dritt. Wir machen einige Gesellschaftsspiele.
* Abends bedanke ich mich per Mail für den Gottesdienst. Anderen hie und da eine Ermutigung zukommen zu lassen, könnte gut tun.

Montag, 3.6.
* Nebel, etwas Regen, drei Grad über null. Ferdi am Mausen, schon vor der Morgenmilch.

* Zum Mittagessen bei der Nachbarsfamilie mit drei kleinen Kindern eingeladen. Da läuft was, werde an längst vergangene Zeiten erinnert!

Dienstag, 4.6.
 * Schönes Wetter, endlich Sonne!
 * Vormittags unerwarteter Besuch einer Frau. Sie schüttet mir ihr Herz aus.
 * Am Abend trifft Peter wohlbehalten ein, müde aber glücklich. Ein beidseitiges Erzählen beginnt.

Rückblick

Ich bekam nun viele Einzelheiten über die Erlebnisse der beiden unermüdlichen Radler zu hören. Peter erzählte von Fahrten im strömenden Regen und klatschnassen Kleidern, die über Nacht im Zimmer der Pension, in der sie übernachteten, an der Heizung getrocknet wurden. Sie erlebten auch sonnige Etappen, fuhren durch blumengeschmückte Dörfer und kamen an altertümlichen Bauten vorbei. Entlang der Mosel sahen sie alte Burgen und Schlösser und überall Weinberge. Eine einzigartige Gegend! Im unteren Teil der Mosel waren die Radwege teilweise überschwemmt und das letzte Stück, das von Koblenz nach Wiesbaden am Rhein entlang und vorbei an der Lorelei führte, mussten sie wegen der Überschwemmungen ganz mit der Eisenbahn zurücklegen.

Auf der Rückfahrt traf Peter in Basel mit einem Ehepaar zusammen, das seine Fahrräder wie er ebenfalls im Zug verstaut hatte und sich erleichtert in die Polstersessel nebenan sinken ließ. Nach einiger Zeit zog der Ehemann ein Buch aus der Tasche und begann darin zu lesen. Peter sah gespannt hin und konnte sich nicht mehr ruhig verhalten. Er wartete einen günstigen Augenblick ab und wandte sich an den Leser: „Vielleicht interessiert es Sie, dass ich die Autorin dieses Buches persönlich kenne? Ich bin mit ihr verheiratet." Erstaunt erklärte ihm dann der Mann: „Im Hotel Alpina in Adelboden habe ich mir diese Lektüre erstanden und auf unserer Velotour immer wieder mal darin gelesen. Ich bin sehr interessiert an der Geschichte des Engstligentales, denn ich komme aus der Gegend. Später ließ ich mich als Lehrer im Unterland engagieren." So wurde mein Buch die Brücke zu einem interessanten Gespräch, bevor sich der Mann erneut in die Lektüre vertiefte. Für mich war das ein erfreulicher Abschluss von Peters Reise.

20. Ein gutes Ende

Inzwischen sind seit unserer Heimkehr nach Adelboden gut fünfzehn Jahre vergangen. Das klingt lang, aber die Zeit verging unglaublich schnell, manchmal fast zu schnell. Dabei hat die abwechslungsreiche Mischung aus Ruhe und Erholung einerseits und Unternehmungen und Aktionen andererseits für uns gestimmt. Weder wurde es uns je langweilig noch fühlten wir uns in allen Herausforderungen hilflos überfordert. Deshalb freue ich mich über diesen besonderen Lebensabschnitt, auf den ich zufrieden und gelassen zurückblicken darf. Wir sind glücklich in unserer Situation.

So blicken wir erwartungsvoll in die Zukunft. Was auch kommen mag: Nichts wird uns von der Liebe Gottes trennen können.

NEUFELD VERLAG

Felsig, karg und hoffnungsgrün
Eine Kindheit in Adelboden

Bibel, Blech und Gottvertrauen
Ein Leben mit der Heilsarmee

Hildi Hari-Wäfler erzählt im ersten Band ihrer
spannenden Biografie von einer entbehrungs-
reichen Kindheit in Adelboden und lässt eine
längst vergessene Zeit wieder lebendig werden.
Sie macht Mut, sich auch heute den Herausforderungen des Lebens zu stellen.

160 Seiten, gebunden, ISBN 978-3-937896-86-1
als E-Book ISBN 978-3-86256-728-7

Im zweiten Band schreibt Hildi Hari-Wäfler
von ihrer Entscheidung, als Offizierin der
Heilsarmee vor allem den Menschen am Rande
unserer Gesellschaft zu dienen. Und das bis an
die eigenen Grenzen.

160 Seiten, gebunden, ISBN 978-3-86256-029-5
als E-Book ISBN 978-3-86256-726-3

Bleiben Sie auf dem Laufenden:
newsletter.neufeld-verlag.de
www.**facebook**.com/NeufeldVerlag
www.neufeld-verlag.de/**blog**
www.neufeld-verlag.de ❤ www.neufeld-verlag.ch